그런데요, 공룡은 어디로 갔나요?

그런데요, 공룡은 어디로 갔나요?

초판 1쇄 2005년 11월 14일 | **초판 8쇄** 2018년 7월 5일

글 이융남·서현교 | **그림** 조위라

편집 이세은 | **마케팅** 강백산·강지연 | **디자인** 아르떼

펴낸이 이재일

펴낸곳 토토북 04034 서울시 마포구 양화로11길 18, 3층(서교동, 원오빌딩)

전화 02-332-6255 | **팩스** 02-332-6286

홈페이지 www.totobook.com | **전자우편** totobooks@hanmail.net

출판등록 2002년 5월 30일 제10-2394호

ISBN 978-89-9061-198-7 74400
　　　　978-89-9061-154-3 74400(세트)

ⓒ 이융남, 서현교, 조위라 2005

이 책은 저작권법에 의해 보호를 받는 저작물이므로 무단 전재 및 무단 복제를 금합니다.
잘못된 책은 바꾸어 드립니다.

제품명: 그런데요, 공룡은 어디로 갔나요? | **제조자명:** 토토북 | **제조국명:** 대한민국 | **전화:** 02-332-6255
주소: 서울시 마포구 양화로11길 18, 3층(서교동, 원오빌딩) | **제조일:** 2018년 7월 5일 | **사용연령:** 8세 이상
* KC 인증 유형: 공급자 적합성 확인
* KC마크는 이 제품이 공통안전기준에 적합하였음을 의미합니다.

⚠ **주의** 책의 모서리에 다치지 않게 주의하세요.

그런데요,
공룡은 어디로 갔나요?

이융남·서현교 글 | 조위라 그림

www.totobook.com

 **머리글**

살아 있는 공룡을 찾아서 떠나 볼까요?

2006년은 어린이들에게 굉장히 신나는 해가 될 것 같습니다. 4월부터 약 한 달 반 동안 경남 고성에서 공룡세계엑스포가 열리기 때문입니다. 우리나라는 먼 옛날에 공룡들이 많이 살았던 땅이에요. 그 공룡들이 살았던 흔적들을 눈으로 직접 확인해 볼 수 있는 공룡 축제에 어린이들이 많이 가서 볼 수 있으면 참 좋을 것 같습니다. 책을 통해 공룡을 보는 것과는 또 다른 감동을 받을 수 있는 기회이니까요.

저는 공룡을 연구하는 학자이다 보니 어린이들이 공룡을 좋아하는 이유가 무엇인가 라는 질문을 받을 때가 많습니다. 그래서 생각해 보았지요. 왜 어린이들은 공룡을 좋아할까 하고요. 공룡의 크기가 거대하기 때문일 수도 있고 공룡의 생김새가 별나기 때문일 수도 있겠지요. 그러나 무엇보다도 오늘날 살아 있는 공룡을 볼 수 없기 때문에 공룡에 대해 더 많은 관심을 갖는 것 같습니다. 우리 인류가 나타나기 훨씬 전에 이렇듯 거대하고 멋있는 동물들이 지구에 살았다는 것은 굉장히 신기한 일이니까요.

그래서 저는 이 신비로운 동물에 대해 어린이 친구들에게 뭔가 이야기를 해 주고 싶다는 생각이 들었습니다. 어린이들에게 살아 있는 공룡의 모습을 보여 주고 싶었습니다.

하지만 사라져 버린 동물의 생태를 알아내는 것은 과학자에게도 무척 어려운 일입니다. 살아 있는 동물을 관찰하는 것과는 전혀 다르지요. 그렇지만 하나하나씩 자료를 모으고 과학적인 해석을 해 나가면 살아 있는 공룡의 모습을 머릿속에 그려 볼 수 있지 않을까요?

이 책은 "공룡들이 사는 나라" "공룡들은 어떻게 살았을까?" "공룡 찾으러 떠나자" 세 부분으로 되어 있습니다. 각 부분 모두 단순히 과학적인 사실을 전달하려고 하기 보다는 공룡 시대인 중생대로 떠나 살아 있는 공룡을 보러 가는 기분이 들도록 꾸며 보았습니다. 삽화 또한 공룡의 세밀화나 사진이 아닌 재미난 그림들로 그려져서 거대한 공룡들이 마치 친구처럼 느껴집니다. 그림을 그려 주신 조위라 선생님께 감사드립니다.

끝으로 저와 함께 이 책을 진행해 준 서현교 기자와 이 책의 기획에서 출판까지 힘이 되어 주신 토토북의 이재일 사장님, 어려운 편집을 깔끔하게 해 주신 이세은님께도 감사드립니다.

2005년 11월

이융남

차례

8 공룡 나라에 무슨 일이 생긴 걸까요?

공룡들이 사는 나라

12 똥 속에 공룡 뼈가 보여요
16 공룡 배 속에 돌이 들어 있어요
22 공룡 나라에 전쟁이 났어요
36 딴따라라~ 공룡 나라 결혼식
40 새끼를 돌보는 착한 초식 공룡
44 둥지를 만드는 육식 공룡
50 공룡은 온혈 동물일까? 냉혈 동물일까?
56 공룡 나라에 올림픽이 열렸어요

공룡들은 어떻게 살았을까?

74 옛날 옛날에 박테리아가 생겨났어요
80 강에서 땅으로 양서류들이 기어 올라와요
82 공룡이 나타나기 전에는 누가 살았을까?
86 드디어 공룡이 나타났어요 - 트라이아스기
90 바다와 하늘엔 누가 살았을까?

94 드디어 공룡 세상이 시작됐어요-쥐라기 시대

100 날씨가 다시 추워졌어요-백악기 시대

104 공룡이 지구에서 사라졌어요

공룡 찾으러 떠나자

112 이건 누구의 뼈일까요?

116 "이제부터 공룡이라 부르겠소"

118 공룡 뼈는 다 화석이 될까?

122 공룡 발자국, 공룡 똥 모두모두 중요해

125 나는 누구일까요?

130 공룡은 무슨 색일까?

134 그대로 멈춰라!

138 돌보다 무거운 공룡 화석

142 공룡 뼈를 나누어요

144 공룡 뼈에 살과 근육을 붙여 볼까?

150 공룡을 다시 살릴 수 있을까?

154 같이 생각해 볼까요?

공룡 나라에 무슨 일이 생긴 걸까요?

"톡톡톡"

커다란 알이 흔들리고 있습니다. 알 속에서 누군가가 나오려 하고 있어요.

"찌지찍~"

마침내 알에 금이 갔어요. 어? 이것 보세요. 뱀처럼 기다란 목이 먼저 알 밖으로 쏙 나오고… 길쭉한 다리도 쏙 나왔어요. 뱀은 아닌가 봐요. 뱀은 다리가 없으니까요. 이번엔 꼬리도 나왔습니다. 거북일까요? 그런데 거북처럼 등에 딱딱한 판이 없어요. 누구일까요? 목과 꼬리는 길고 머리는 쬐그맣고 네 다리는 쭉 뻗은 이 동물은요?

바로 공룡의 새끼였습니다. 고사리와 나뭇잎, 나무줄기를 즐겨 먹는 이 공룡은 엄마 아빠의 보살핌 아래 맛있는 나뭇잎을 뜯어 먹고 똥을 뿌지직 싸면서 무럭무럭 잘 자랐습니다. 얼마나 자랐냐고요? 키는 무려 30미터나 됐고, 몸무게는 100톤이나 나갔고, 목도 무척 길어서 키가 큰 나무 꼭대기의 나뭇잎도

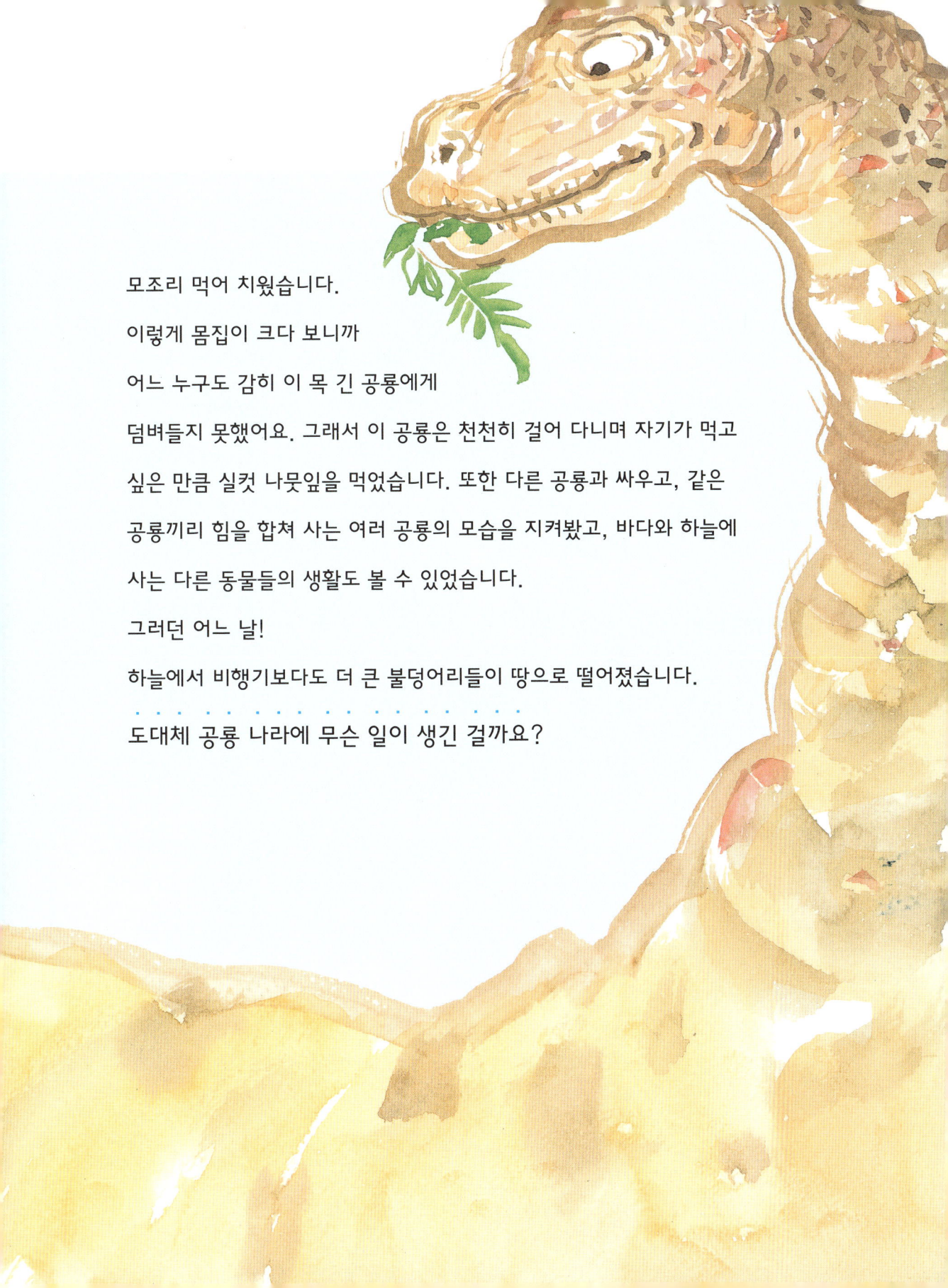

모조리 먹어 치웠습니다.

이렇게 몸집이 크다 보니까

어느 누구도 감히 이 목 긴 공룡에게

덤벼들지 못했어요. 그래서 이 공룡은 천천히 걸어 다니며 자기가 먹고 싶은 만큼 실컷 나뭇잎을 먹었습니다. 또한 다른 공룡과 싸우고, 같은 공룡끼리 힘을 합쳐 사는 여러 공룡의 모습을 지켜봤고, 바다와 하늘에 사는 다른 동물들의 생활도 볼 수 있었습니다.

그러던 어느 날!

하늘에서 비행기보다도 더 큰 불덩어리들이 땅으로 떨어졌습니다.

도대체 공룡 나라에 무슨 일이 생긴 걸까요?

공룡들이 사는 나라

똥 속에 공룡 뼈가 보여요

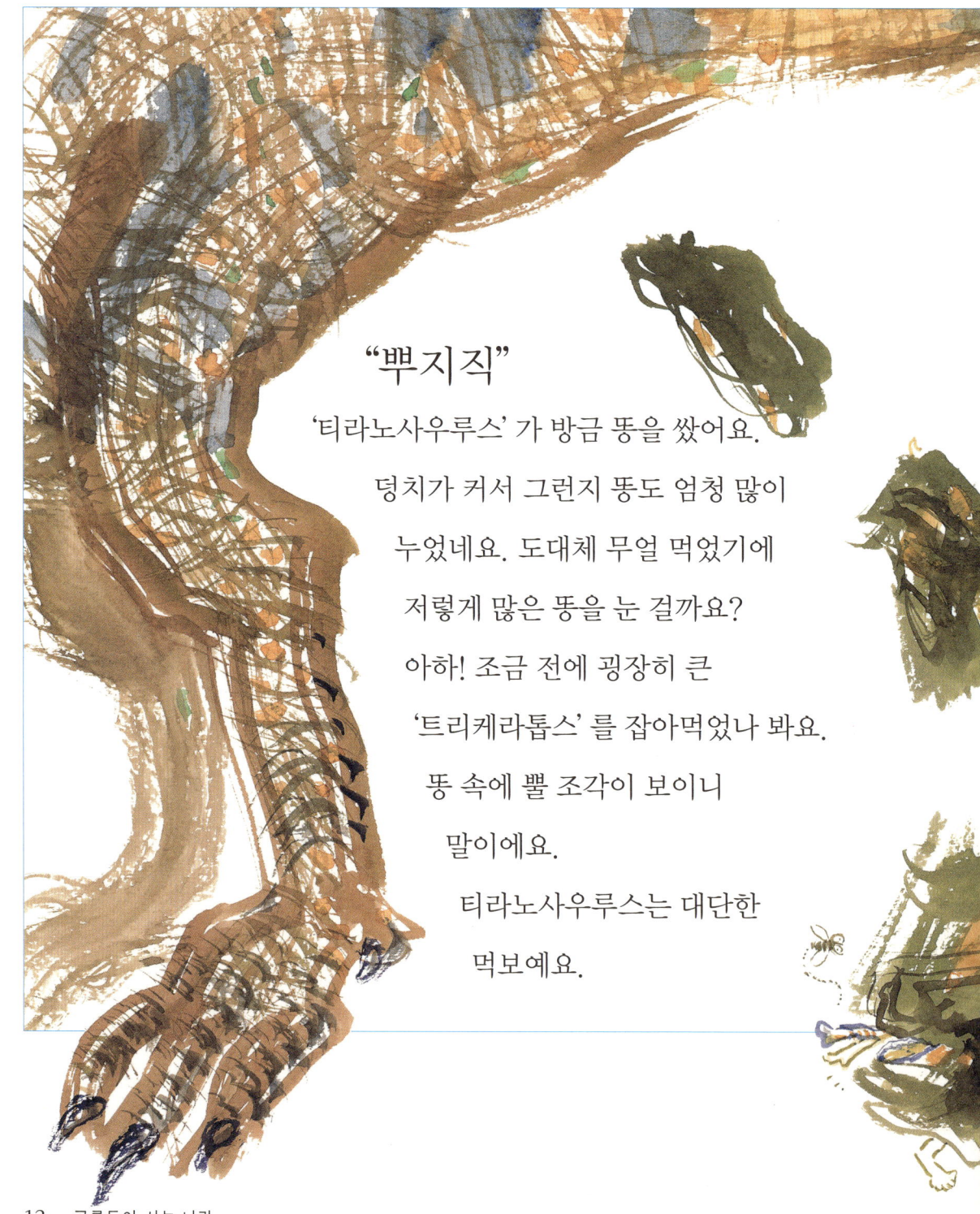

"뿌지직"

'티라노사우루스'가 방금 똥을 쌌어요.
덩치가 커서 그런지 똥도 엄청 많이
누었네요. 도대체 무얼 먹었기에
저렇게 많은 똥을 눈 걸까요?
아하! 조금 전에 굉장히 큰
'트리케라톱스'를 잡아먹었나 봐요.
똥 속에 뿔 조각이 보이니
말이에요.
　티라노사우루스는 대단한
　　먹보예요.

큰 공룡, 작은 공룡, 육식 공룡, 초식 공룡 등 온갖 공룡들은
생김새만큼이나 똥 모양도 서로 다르답니다.

티라노사우루스 똥 말고도 공룡 나라에는 여기저기 모양이 다른 똥들이 널려 있습니다. 어떤 똥은 바게트 빵처럼 길쭉하고, 어떤 똥은 끝이 뾰족한 포탄처럼 생겼어요. 어떤 똥은 둥그렇게 안으로 말려 있고요. 공룡 똥은 모양도 크기도 서로 달라요.

큰 공룡, 작은 공룡, 육식 공룡, 초식 공룡 등 온갖 공룡들은 생김새만큼이나 똥 모양도 서로 다르답니다.

그렇지만 뭐니 뭐니 해도 육식 공룡 중에는 티라노사우루스의 똥이 가장 커요. 한 번에 초식 공룡 한 마리를 쓱싹 해치우니 당연히 똥을 많이 눌 수밖에요. 여기 계란만 한 똥도 있네요. 닭처럼 작은 공룡이 눈 똥인가 봐요. 그리고 저쪽에 있는 똥 좀 보세요. 나무 잎사귀와 나무줄기 같은 게 잘게 쪼개져 있습니다. 고사리나 나뭇잎을 주로 먹는 초식 공룡이 눈 똥 같아요.

어? 여기 좀 보세요. 공룡 똥 속에서 벌레가 움직이고 있어요.
벌레들이 공룡 똥을 동그랗게 잘라서 어디론가 굴리고 가네요.
영차영차, 자기 집으로 똥을 가져가려는가 봅니다.
이 벌레들이 바로 공룡 똥을 굴리는 '공룡똥구리' 예요.
쇠똥구리나 말똥구리의 조상이지요.
똥이 더럽다고 생각할지 모르지만 사실 똥은 영양 덩어리에요.
공룡들이 나뭇잎이나 고기를 맛있게 먹고 소화한 것이니
얼마나 영양분이 많이 남아 있겠어요.

그 영양 덩어리를 공룡똥구리가
냠냠 맛있게 먹는답니다.
대신 공룡똥구리는 똥을 치우는
청소부 역할을 하는 것이지요.
만약 공룡똥구리가 없었다면
공룡의 똥이 이리저리
나뒹굴어 공룡 나라는
굉장히 더러워졌을지도
몰라요.

공룡 배 속에 돌이 들어 있어요

조금 전에 똥을 싼 목 긴 공룡 '세이스모사우르스'는 다시 배가 고파졌습니다. 그래서 나뭇잎을 먹으러 어슬렁어슬렁 돌아다녔지요. 맛있는 나뭇잎이 금세 눈에 띄었습니다. 나뭇잎을 발견하자마자 세이스모사우르스는 입을 크게 벌려서 나뭇잎들을 한 움큼 물고 머리를 뒤로 쑥 빼냈습니다. 그러자 나뭇가지에 달려 있던 나뭇잎들이 세이스모사우르스의 갈고리처럼 생긴 이빨에 걸려서 쭈욱 빠져나왔습니다. 세이스모사우르스는 잎사귀를 씹지도 않고 꿀꺽 삼켰지요. 갈고리 이빨이 약하기 때문에 씹을 수가 없거든요.

돌멩이가 초식 공룡인 세이스모사우르스의 소화를 도와준답니다.

그런데 세이스모사우루스가 씹지도 않은
나뭇잎을 삼키자 배 속에서 무언가가
덜그럭덜그럭 움직이기 시작했습니다.
바로 세이스모사우루스가 며칠 전에
삼킨 크고 모가 난 돌멩이들이지요.
이 돌멩이를 '위석'이라고 하는데
세이스모사우루스의 소화를
도와준답니다. 위석을 맷돌 돌리듯이
열심히 돌리면 배 속에 들어온 나뭇잎들이

잘디잘게 갈리거든요.
세이스모사우루스의 배 속에는 위석이 몇 개나 들어 있을까요?
하나, 둘, 셋, 넷, 다섯, 여섯, 일곱, 여덟, 아홉…
와! 무려 240개나 있어요. 하지만 이건 놀랄 일도 아니에요.
어떤 목 긴 공룡은 사람 주먹만 한 위석을 배 속에 1,000개나
갖고 있기도 했지요.
공룡들은 음식이 잘 갈아지는 좋은 돌멩이를 먹기 위해서 먼
여행을 떠나기도 했습니다. 위석으로 쓰기에 좋은 돌은 하얗고
단단하게 생긴 네모난 돌이나, 땅속에서 흘러나온 뜨거운 용암이
굳어서 생긴 시커멓고 구멍이 뻥뻥 뚫린 돌이에요.
이런 날카롭고 모가 난 돌멩이들이 서로 부딪히면서 위 속에
들어온 나뭇잎을 잘디잘게 부숩니다.
잘디잘게 부서진 나뭇잎들은 공룡 위 속에 있는 미생물에 의해
거의 모두 분해되고, 나머지 찌꺼기는 공룡 똥으로 나옵니다.
음식을 소화시키는데 돌멩이까지 필요하냐고요?
그럼요. 목 긴 공룡들은 덩치가 워낙 크기 때문에 매일 엄청난

양의 나뭇잎을 먹어야 했지요. 그런데 이빨이 약하고 무뎌서 씹을 수가 없으니 위석이 도와주지 않았다면 소화하기가 무척 힘들었을 거예요.

위석을 자꾸 쓰면 날카로운 부분이 무뎌지고 점차 동글동글해져서 나뭇잎을 갈 수 없게 됩니다. 이때쯤 되면 공룡들은 무뎌진 위석은 뱉어 버리고 날카롭고 모가 난 새 돌을 다시 삼켜야 했지요.

공룡들은 음식이 잘 갈아지는 좋은 돌멩이를 먹기 위해서 먼 여행을 떠나기도 했습니다.

오리주둥이 공룡의 턱에는 작은 이빨이 무려 1,200개나 나 있었지요.

그렇지만 초식 공룡이라고 해서 모두 돌을 삼켜 나뭇잎을 잘게 부수지는 않았어요. 초식 공룡 중에는 위석이 필요 없는 공룡도 있었습니다. 이빨이 튼튼한 '오리주둥이 공룡'이 대표적인 경우예요.

오리주둥이 공룡의 턱에는 손가락 한마디만 한 크기의 작은 이빨이 무려 1,200개나 나 있었지요.

오리주둥이 공룡은 오리처럼 폭이 넓고 납작한 부리를 갖고 있어 식물을 잡아 뜯기도 쉬웠습니다.

이렇게 잡아 뜯은 식물을 입 안에서 1,000개가 넘는 이빨로 아작아작 충분히 씹은 다음 꿀꺽 삼켰지요.

이런 이빨 덕분에 다른 초식 공룡은 딱딱해서 먹을 수 없는 나무껍질이나 뾰족뾰족한 침엽수의 잎사귀도 잘 먹을 수 있었습니다.

오리주둥이 공룡 이빨은 닳으면 쉽게 빠졌습니다. 하지만 이빨이 빠졌다고 걱정할 필요는 없었지요. 다른 이빨로 열심히 우적우적 나뭇잎을 씹고 있는 사이, 이가 빠진 자리에 금세 또 새 이빨이 솟아났으니까요.

육식 공룡도 위석을 삼켰어요

육식 공룡인 오르니토미무스도 돌을 삼켜 위에 저장시킨 뒤 작은 동물이나 곤충 등을 잡아먹은 다음 돌로 잘게 부수어 소화시켰습니다.

공룡 나라에 전쟁이 났어요

초식 공룡들이 나뭇잎을 뜯어 먹고 있습니다. 덩치가 크고 몸이 둔한 목 긴 공룡들은 높다란 나무에 달린 나뭇잎을 먹고, 몸집이 작은 공룡들은 키 작은 나무나 땅바닥에 난 고사리 같은 식물을 뜯어 먹습니다.

먹이를 차지하려는 경쟁을 할 필요가 없어서인지 조용하고 평온한 모습입니다. 하지만 언제 육식 공룡이 다가올지 모르기 때문에 조심해야 합니다. 덩치가 산만 한 목 긴 공룡이야 크게 걱정할 필요가 없지만 비교적 키가 작은 공룡인 '힙실로포돈', '드리오사우루스', '프시타코사우루스' 공룡들은 무리에서 떨어지면 큰일이 나지요.

육식 공룡이 나쁘다고요? 하지만 살아남으려면 어쩔 수 없어요. 안 그러면 굶어 죽고 마니까요. 그리고 육식 공룡이라고 해서 언제나 사냥에 성공할 수 있는 건 아니에요. 초식 공룡도 늘 당하고만 있지는 않거든요.

키가 작은 공룡들은 무리에서 떨어지면 큰일이 나지요.

나를 잡아먹겠다고?

몸집 크기가 작은 버스만 하고, 온 몸에 갑옷을 두른
'안킬로사우루스'가 배가 고픈지 천천히 숲 속을 뒤지고 있어요.
이 공룡은 나뭇잎을 먹고 사는 초식 공룡이지요.

방어 무기를 가진 초식 공룡은 육식 공룡의
공격을 막아낼 수 있기 때문에 혼자서도 지낼 수가 있답니다.

안킬로사우루스는 친구들과 떨어져 혼자서도 잘 다닙니다.
머리끝부터 꼬리까지 딱딱한 갑옷으로 덮여 있고,
꼬리에는 무거운 쇠망치가 달려 있어 육식 공룡이 공격해 와도
무서울 게 없거든요.
"쿵! 쿵!"
어! 큰일 났다! 키가 전봇대보다도 크고, 30센티미터가 넘는
크고 날카로운 이빨을 가진 티라노사우루스가 눈을 무섭게 뜨고
안킬로사우루스를 잡아먹기 위해 다가왔어요.
그러자 안킬로사우루스는 배를 땅바닥에 바싹 붙이고,
온 몸을 웅크렸어요. 배 부분에는 갑옷이 달려 있지 않기 때문에
잘 보호해야 하거든요. 눈도 감았습니다. 안킬로사우루스는
눈꺼풀 위에도 갑옷이 달려 있어 눈을 감으면 마치
철로 된 대문을 철컥 닫아버린 것 같아요.
이제 안킬로사우루스는 돌덩이리나
다름없어요.

티라노사우루스는 안킬로사우루스에게 다가가 이빨로 꽉
물었습니다. 그런데 아무리 물어뜯어도 자기 이빨만 부러질 뿐,
안킬로사우루스는 끄떡도 하지 않았어요.
약이 오른 티라노사우루스는 이번에는 머리로 밀어서
안킬로사우루스를 뒤집으려 했습니다. 뒤집으면 갑옷 공룡의
부드러운 배 부분을 공격할 수 있기 때문이지요.
티라노사우루스는 공굴리기하듯 열심히 안킬로사우루스를
뒤집으려 했지만 이번에도 실패하고 말았습니다. 너무 무거워
뒤집을 수가 없었거든요.
안킬로사우루스도 가만히 당하고만 있을 수는 없었습니다.
자신의 꼬리를 휙 움직여서 티라노사우루스를 공격하기
시작했습니다. 안킬로사우루스의 꼬리 끝에는 커다란
망치모양의 뼈뭉치가 달려 있어서 제아무리 힘센 공룡이라
할지라도 피하지 않으면 큰일이 나지요.
결국 뼈 망치 공격에 혼이 난 티라노사우루스는
안킬로사우루스를 잡아먹겠다는 생각을 포기하고 얼른 다른

안킬로사우루스의 꼬리 끝에는 뼈뭉치가 달려 있어서
제아무리 힘센 공룡이라 할지라도 피하지 않으면 큰일이 나지요.

곳으로 도망치고 말았습니다.

안킬로사우루스의 갑옷처럼 방어 무기를 가진 초식 공룡은 육식 공룡의 공격을 막아낼 수 있기 때문에 혼자서도 지낼 수가 있답니다. 하지만 특별한 무기가 없는 초식 공룡은 이런 무서운 육식 공룡에게 잡히면 꼼짝없이 죽음을 당하게 되지요.

두발로 뛰는 초식 공룡인 오리주둥이 공룡이 그렇습니다. 오리주둥이 공룡처럼 무기가 없는 공룡은 육식 공룡을 보면 빨리 도망치는 게 제일 좋은 방법이지요.

덩치 작은 육식 공룡들의 협력 작전

덩치가 작은 육식 공룡들은 힘을 합쳐 초식 공룡을 잡아먹어야 했어요. 보통 두세 마리가 힘을 모아 자신들보다 덩치 큰 초식 공룡을 사냥했지요.

이렇게 하는 육식 공룡이 '데이노니쿠스'예요.

어른 키보다 조금 큰 데이노니쿠스는 낫처럼 생긴 날카로운 뒷발톱을 가지고 있어요. 덩치는 작아도 엄청나게 무서운 무기를 갖고 있지요.

데이노니쿠스 세 마리가 자기들보다 다섯 배는 더 큰, 몸길이가 9미터나 되는 오리주둥이 공룡 한 마리를 둘러싸고 있습니다. 한 마리가 훌쩍 오리주둥이 공룡 등에 올라탔어요. 앞발로는 오리주둥이 공룡 등을 꽉 붙잡고, 커다란 뒷발톱으로 공격을 해요.

그리고 나머지 두 마리도 함께 오리주둥이 공룡을 공격했어요. "쿵!" 데이노니쿠스가 자신보다 몇 배나 몸집이 큰 초식 공룡을 쓰러뜨렸습니다. 이제 이들은 배부르게 식사를 할 거예요.

뛰는 놈 위에 나는 놈

사냥에 성공한 데이노니쿠스 세 마리는 열심히 먹이를 먹기 시작했습니다.
천천히 여유 있게 먹다간 더 큰 육식 공룡에게 먹이를 뺏길 수 있으니까요.
데이노니쿠스들이 열심히 식사를 하는 사이에 무서운 '아크로켄토사우루스'가

쿵쿵 발걸음 소리를 내며 다가왔어요.
바로 이들의 음식을 뺏어 먹기 위해서예요. 할 수 없이
데이노니쿠스 세 마리는 헐레벌떡 도망쳐 나와야 했지요.
세 마리가 힘을 합쳐도 아크로켄토사우루스를 당해낼 수
없거든요. 몸길이가 13미터나 되는 아크로켄토사우루스는
"크아앙" 소리를 지르며 기분 좋게 남은 먹이를 냠냠 먹기
시작했어요. 남이 사냥한 고기를 뺏어 먹다니!
덩치 값도 못하는 얄미운
공룡이네요.

'코엘로피시스'란 육식 공룡들은 떼로
몰려다니며 초식 공룡을 공격해서 잡아먹다가
먹잇감이 부족하면 자기들끼리 싸움을 해서
큰 놈이 작은 놈을 잡아 먹기도 했습니다.

제아무리 강한 티라노사우루스라 할지라도 가장 약한 배와 턱 밑의 목 부분을 꼭꼭 숨기면서 자야 한답니다.

드디어 평화의 시간이 왔어요

한바탕 시끄러운 먹이 전쟁이 끝났습니다. 배가 부른 공룡들이 여기저기서 '드르렁 쿨, 드르렁 쿨' 하며 잠을 잡니다. 공룡들은 배가 부르면 졸려서 잠을 자요. 잠을 자며 휴식을 취해야 또다시 힘이 생기거든요.

공룡들이 자는 모습은 참 재미있어요. 초식 공룡을 잡아먹어 배가 부른 티라노사우루스는 뒷다리를 구부려 쭈그리고 앉습니다. 그리고 배와 목, 턱을 바닥에 바짝 대고 눈을 감아요. 마치 강아지들이 땅바닥에 바짝 엎드려 자는 것처럼요.

온 몸을 갑옷으로 두른 안킬로사우루스도 나뭇잎을 잔뜩 먹고 잠을 자요. 네 발을 웅크리고 바닥에 배와 턱을 붙이고 눈을 감았어요. 이제 부드러운 살을 모두 숨겼어요.

공룡들이 잘 때 배를 땅에 붙이는 이유는 배가 약한 부분이기 때문이에요. 게다가 위와 간 같은 중요한 기관들이 배 속에

있거든요. 만약 자는 도중에 다른 공룡에게 배를 공격당하면 큰일나잖아요. 그래서 제아무리 강한 티라노사우루스라 할지라도 가장 약한 배와 턱 밑의 목 부분을 꼭꼭 숨기면서 자야 한답니다.

목 긴 공룡도 마찬가지에요. 다른 공룡과 똑같이 배를 바닥에 붙이고 쭈그리고 잠을 잡니다. 그리고 긴 목은 구부려서 몸에 품어요. 목과 머리가 중요하니까 몸속에 숨겨 보호해야 하거든요. 작은 육식 공룡은 새처럼 목을 뒤로 돌려 앞발 위에 머리를 파묻고 잠을 자요. 목을 몸속에 파묻으니까 아늑하다~ 아웅 졸려. 이제 공룡 나라는 깊은 잠에 빠져듭니다.

왜 육식 공룡은 빠르고 초식 공룡은 느릴까?

두 다리로 달리는 육식 공룡은 초식 공룡을 잡아먹을 때 몸동작이 엄청나게 빠릅니다.

윗몸을 세우고 두 다리로 설 수 있는 육식 공룡들은 빨리 뛰거나 걸을 수 있어요. 다리가 일자로 곧기 때문이죠. 공룡과 비슷하게 생긴 악어나 도마뱀을 보면 다리가 ㄱ자로 꺾여 있어 몸을 제대로 받쳐 줄 수가 없어요. 그래서 빨리 뛰거나 걸을 수도 없지요.

그런데 티라노사우루스 같은 공룡은 다리가 곧아서 무거운 몸도 받쳐줄 수 있고 성큼성큼 빨리 걸을 수 있죠. 또한, 티라노사우루스는 뒷다리를 중심으로 커다란 머리와 두껍고 긴 꼬리가 시이소처럼 균형을 잘 이루고 있어 무거운 몸을 재빠르게 움직일 수 있지요.

또한 육식 공룡은 뼈 속이 비어 있어서 몸이 가볍답니다.

반대로 초식 공룡인 목 긴 공룡들은 뼈 속이 꽉 차 있고 덩치가

어마어마하게 커서 코끼리처럼 느릿느릿 걸어요. 먹을 게 늘 풍부하고 육식 공룡들이 덩치 큰 목 긴 공룡들은 잘 공격하지 않으니까 빨리 움직일 필요가 없지요. 그리고 몸이 무거워 빨리 뛸 수도 없었어요.

또다른 초식 공룡인 '노도사우루스'는 몸길이가 6미터인데 단단한 갑옷 피부가 몸을 덮고 있고, 넓적한 몸에 비해 다리가 무척 짧아서 굉장히 느렸지요. 그렇지만 초식 공룡이라고 해서 모두 다 느린 것은 아니에요. 몸에 방어 무기가 없는 초식 공룡들은 빨리 달려서 도망가야 해요. 힙실로포돈 같은 작은 초식 공룡은 매우 잘 달리는 초식 공룡이었답니다.

딴따라라~ 공룡 나라 결혼식

초식 공룡들은 보통 수십, 수백 마리가 함께 모여 살아요. 그래서 결혼을 할 때가 되면 서로 맘에 드는 짝을 차지하기 위해 경쟁을 합니다. 수컷들은 힘겨루기를 통해 등수를 정하고, 가장 힘센 우두머리가 먼저 맘에 드는 짝을 찾지요.

'두꺼운 머리 도마뱀'이란 뜻의 '파키케팔로사우루스'는 무리 내에서 서열을 정하는 방법이 매우 특이하답니다. 이들은 두께가 25센티미터나 되는 머리뼈가 머리 위로 불쑥 솟아있어요.

이 머리뼈를 이용해 박치기 공격을 합니다.

그런데 이들은 싸움을 할 때 절대로 상대방을 죽이거나 다치게 하지는 않습니다. 왜냐하면 육식 공룡이 쳐들어 올 때 서로 힘을 합쳐야 하니까요.

파키케팔로사우루스는 무리 내에서 서열을 정할 때 박치기 시합을 합니다.

파키케팔로사우루스 말고 다른 수컷 공룡들도 결혼을 하기 위해 재미난 경쟁을 벌여요.

수컷 '트리케라톱스'는 머리 뒤에 있는 부채 모양의 뼈판(프릴)을 이용합니다. 암컷의 눈에 들기 위해 목을 수그리고 부채처럼 생긴 뼈판을 좌우로 흔들면서 뽐을 내지요. 그러면 암컷 공룡은 수컷의 뿔과 머리의 크기를 보고 "아! 멋있어, 이 공룡이 내 남편감이야."라며 시집을 간답니다.

오리주둥이 공룡의 구애 방법은 더 특이해요. 오리주둥이 공룡의 머리에는 닭 머리의 볏처럼 다양한 모양의 '볏'이 붙어 있어요. 이 볏의 모양을 보고 자기 종족인지 아닌지 구별할 수 있지요. 그런데 같은 종족이라도 볏의 크기가 수컷마다 달라요. 볏이 커야 암컷에게 인기가 좋습니다. 그래서 결혼할 때가 되면 수컷들의 볏은 빨간색으로 바뀌면서 통통해져요. 수컷들은 통통해진 볏을 자랑하기 위해 암컷 앞을 어슬렁거리면서 암컷의 마음을 사로잡는답니다. 암컷은 수컷 공룡의 볏의 색깔이나 크기를 본 뒤 자기 마음에 드는 짝을 골라서 결혼을 해요.

결혼할 때가 되면 수컷들의 볏은 빨간색으로 바뀌면서 통통해져요.

공룡의 암·수는 어떻게 구별할까요?

공룡들은 서로서로 비슷하게 생겼지만 암컷과 수컷을 뚜렷하게 구별할 수가 있어요.
티라노사우루스는 암컷이 수컷보다 더 커요. 왜냐하면 암컷은 몸속에 알을 품을 수 있는 공간을 가져야 했고 또 알을 낳기 위해서는 힘이 좋아야 하기 때문에 수컷보다 몸이 더 컸어요. 꼬리의 생김새도 달라요. 모든 공룡의 꼬리뼈 아래쪽에는 뼈마디 사이사이에 Y자형의 뼈가 있어요. 그런데 암컷은 몸에서 갈라져 나온 꼬리의 처음 시작하는 3개 마디에 이 Y자형의 뼈가 없어요. 그래서 알을 품을 수 있는 공간이 늘어날 수 있었죠. 오리주둥이 공룡의 볏이나 뿔 공룡의 뿔도 암컷과 수컷이 다르게 생겼어요. 오리주둥이 공룡의 암컷은 수컷보다 볏이 작고, 뿔 공룡의 암컷도 수컷보다 뼈판이 작습니다.

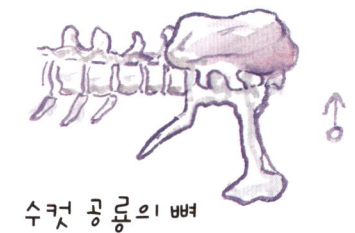
수컷 공룡의 뼈

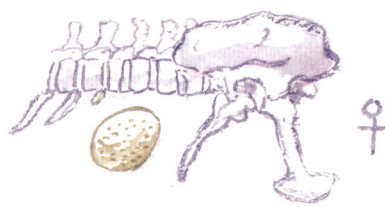
암컷 공룡의 뼈

새끼를 돌보는 착한 초식 공룡

'마이아사우라'는 공룡 중에서도 순하고 착하기로 소문난 공룡이에요. 새끼도 아주 정성껏 돌보지요. 사실 마이아사우라란 이름도 '착한 어미 공룡'이란 뜻이에요. 마이아사우라는 수백 마리가 함께 모여 살고, 알도 반드시 정해 놓은 곳에만 낳아요. 다른 공룡들이 접근하기 힘든 강 한가운데 있는 섬이나 홍수에 대비할 수 있는 높은 곳에다 둥지를 지어놓습니다.

마이아사우라는 몸이 무척 무거워서 행여 알이 깨질까봐 알을 품지 못한답니다.

둥지를 만들기 위해 마이아사우라는 먼저 주변의 흙을 모아서 높이 만들고 한가운데를 깊이 팝니다. 다음에는 주변에서 가져온 나뭇잎이나 나뭇가지를 잘 깔아 놓고, 그 위에 알을 쏘옥 낳습니다.

마이아사우라는 몸이 무척 무거워서 행여 알이 깨질까봐 알을 품지는 못합니다. 대신 풀이나 나뭇잎을 알 위에 잘 덮어 놓고 알이 깨어날 때까지 옆에서 지켜보지요. 풀과 나뭇잎이 썩으면서 발생한 열이 알을 따뜻하게 해 준답니다. 그러면 알이 잘 부화되지요.

이제 마이아사우라 새끼들이 알에서 하나씩 깨어나고 있습니다. 하지만 알에서 나온 새끼들은 둥지를 떠날 수 없어요.

아직 걸어 다닐 정도로 다리 근육이 튼튼하지 못하거든요.
그래서 마이아사우라 엄마, 아빠는 한 달 동안 열심히 먹을 것을
둥지에 사는 새끼들에게 가져다줍니다. 이렇게 매일 나뭇잎을
받아먹은 마이아사우라 새끼들은 둥지에서 무럭무럭
자라납니다.
마이아사우라 새끼들은 키가 150센티미터 정도 자라면 둥지를
떠나 혼자 살아가야 하지요. 이제 덩치가 커진 새끼들은 엄마,
아빠의 도움 없이 혼자서 먹을 것을 찾아 열심히 움직입니다.
먹이는 여기저기 널려 있어요. 하지만 늘 조심해야 해요.
육식 공룡이 언제 공격할지
모르니까요.

마이아사우라 새끼들은 키가 150센티미터 정도 자라면 둥지를 떠나 혼자 살아가야 하지요.

엄마, 아빠는 새끼들이
떠나가면 둥지를 고칩니다.
그 둥지에 다시
알을 낳아야
하거든요.

둥지를 만드는 육식 공룡

육식 공룡도 초식 공룡처럼 둥지를 만듭니다.
'영리한 공룡'이라는 뜻의 트로오돈은 이름 그대로
공룡 중에서 머리가 가장 좋은 공룡이에요.
키가 3미터이고 몸무게는 50킬로그램 정도인
호리호리한 트로오돈이 둥지를 만들기 위해 땅을

둥그렇고 평편하게 파내고 있습니다. 둥지의 주변엔 알을 보호해 줄 수 있는 30센티미터 높이의 흙벽을 만들었고요. 둥지 크기는 어린이 여러분이 두 팔을 벌릴 정도의 크기예요.

트로오돈은 흙으로 만든 둥지 가운데에 한 번에 두 개씩 모두 22개의 알을 낳았습니다. 트로오돈의 알은 한쪽은 뾰족하고 반대쪽은 다소 뭉뚝한 럭비공처럼 생겼어요. 이 알들을 땅에 그냥 세우면 절대로 안 세워져요. 알을 하나씩 잡고 알의 뾰족한 쪽을 땅에 '쿡' 박아 넣어야 하지요. 알을 다 박아 넣었더니 마치 계란 판에 계란을 가지런히 올려놓은 모양이 됐네요. 트로오돈은 그 알들 위에 쪼그리고 앉아 알을 품었습니다.

이윽고 트로오돈 새끼들이 알을 깨고 세상 밖으로 나왔습니다.
하지만 이들은 마이아사우라 새끼처럼 부모의 보살핌을 받고
크진 못해요. 나오자마자 자기 혼자 힘으로 공룡 나라에서
살아가야 하지요.
그런데 이보다 더 슬픈 사실이 하나 있어요. 대부분의
육식 공룡 부모들은 알조차 돌보지 않고 그냥 떠나 버린다는
거예요. 그래서 알 속의 새끼들은 다른
무서운 공룡이나 동물들에게

잡아먹히는 경우가 많았습니다.

공룡시대에 살던 바라니드 도마뱀은 공룡 알 둥지를 찾아와 알을 깨서 그 안에 있는 것을 훔쳐 먹곤 했어요. 이 바라니드 도마뱀은 인간 세상에까지 자손을 이어와 지금도 악어와 덤불새의 둥지를 찾아서 몰래 알을 훔쳐 먹고 있습니다.

공룡 알 둥지에는 풍뎅이 같은 곤충이나 번데기도 많이 살았어요. 깨진 알이나 알 속에서 죽은 새끼들이 곤충들에겐 좋은 먹잇감이기 때문이에요.

이런 어려운 상황에서 다행히 알을 깨고 살아난 새끼 공룡들은 나오자마자 혼자 먹을 것을 구하러 다니며 사냥을 해야 했지요. 대부분의 육식 공룡들은 이렇게 살아갔답니다.

> 최근에 어떤 학자들은 육식 공룡도 알에서 깨어난 새끼를 돌보았을지도 모른다고 말하고 있습니다. 티라노사우루스가 가족끼리 살았다는 사실을 알려주는 화석이 발견되었거든요.

공룡 알이 궁금해요

공룡은 알을 몇 개나 낳았을까요?

몽골 고비사막에서 22개의 길쭉한 알이 가지런히 놓여져 있는 '오비랍토르'의 둥지가 발견되었어요. 이걸로 봐서 공룡은 수십 개의 알을 한꺼번에 낳기도 했다는 사실을 알 수 있지요.

울퉁불퉁 공룡 알

공룡 알은 표면이 닭이나 오리 알처럼 매끈하지 않아요. 울퉁불퉁하고 무늬가 다양하지요. 무늬와 무늬 사이의 틈에 숨구멍이 있어야 하기 때문이에요. 그래야 흙 속에 묻혀 있어도 숨을 쉴 수가 있거든요.

공룡 알은 얼마나 클까요?

지금까지 발견된 것 중에 가장 큰 알은 육식 공룡인 '테리지노사우루스'의 알이랍니다. 길쭉한 타원형이고 조금 납작하면서 길이가 45센티미터 정도예요. 테리지노사우루스는 덩치가 11미터로 굉장히 큰데 왜 알은 그렇게 작게 낳았을까요. 알이 커지면 알껍데기도 두꺼워져야 하는데 그러면 알 속에 있는 새끼들이 알을 깨고 나오기가 힘들거든요. 그래서 조그만 알을 낳은 거예요. 그리고 지금까지 발견된 가장 작은 공룡 알은 '무스사우루스'의 것인데 메추리 알 정도의 크기랍니다.

공룡은 온혈 동물일까? 냉혈 동물일까?

모든 동물들은 체온이 일정할 때 가장 활발하게 움직일 수가 있어요. 그래서 모든 동물들은 체온을 유지하기 위해서 애를 씁니다. 조류나 포유류 같은 온혈 동물은 먹이를 소화시키면서 나오는 열로 몸을 데워서 체온을 유지해요. 몸이 따뜻해야

빠르고 민첩하게 움직일 수 있죠.
대신 그만큼 많이 먹어야 해요.
이와 달리 양서류나 파충류 같은
냉혈 동물은 몸에서 열이 나지
않기 때문에 체온이 쉽게 변할
수가 있어요. 그래서 낮에
따뜻한 햇볕을 오래 쬐어 몸을
따뜻하게 만들고 기운이 나면

먹이를 찾아 나선답니다. 추운 밤이나 새벽에는 체온이
내려가니까 움직임이 굼떠져서 주로 잠을 자야 하고요.
그럼 공룡은 냉혈 동물일까요? 온혈 동물일까요?
아마도 초식 공룡인 목 긴 공룡은 냉혈 동물이었을 거예요.
20톤이 넘는 목 긴 공룡이 온혈 동물이었다면 몸을 따뜻하게
하기 위해서 잠도 안 자고 하루 24시간 내내 먹이를 먹어야 했을
테니까요. 그리고 그렇게 줄기차게 먹었다가는 아무리 먹을 게
많다고 해도 금방 먹잇감이 떨어져서 굶어 죽었을지도 몰라요.
대신 목 긴 공룡은 낮에 몸을 따뜻하게 덥혀서 추운 밤을 견디고
한낮에 몸이 너무 뜨거워지면 피부를 시원한 공기와
접촉시켜 체온을 떨어뜨렸지요.

반면에 육식 공룡은 온혈 동물이었을 거라고 생각해요. 사냥을 하려면 날씨가 춥든지 덥든지 항상 몸을 빠르게 움직여야 하잖아요. 그러려면 자기 스스로 체온을 유지할 수 있어야 하지요. 게다가 육식 공룡은 훗날 온혈 동물인 조류로 진화해간 점으로 보아 과학자들은 육식 공룡이 온혈 동물이었을 거라고 생각한답니다.

공룡은 '새'와 가깝다

지금 살아 있는 동물 중에서 공룡과 가장 가까운 친척은 누구일까요? 생김새로 보아 도마뱀이나 악어같은 파충류라고 생각하기 쉽지만 사실은 새를 가장 많이 닮았어요.

우선 새와 공룡 모두 두 다리로 똑바로 설 수 있다는 거예요. 도마뱀은 다리가 ㄱ자로 꺾여서 몸을 제대로 받쳐줄 수가 없어요. 그래서 어기적거리며 걸어야 해요. 하지만 새나 공룡은 다리가 쭉 뻗어 있어서 몸을 잘 세울 수 있고 빨리 달릴 수 있어요. 특히 '알로사우루스'를 비롯한 육식 공룡은 새처럼 뒷다리로만 걸었어요(대부분의 초식 공룡은 네 다리로 걷습니다).

새와 육식 공룡의 또 다른 공통점은 대부분 몸에 깃털을 갖고 있다는 거예요. '티라노사우루스', '미크로랍토르', '베이피아오사우루스' 등의 육식 공룡은 모두 가느다란 솜털이나 새의 깃털과 비슷한 털을 온 몸에 두르고 있었답니다. 이 털 덕분에 공룡들은 추운 날씨에도 잘 견딜 수 있었습니다.

또 공룡과 새들은 똑같이 알을 낳고 무리를 지어 살면서 자식을 키우기도 하죠.

그밖에도 공룡과 새의 뒷발에는 발가락이 5개가 있고, 그 중에서 3개의 발가락만으로 걸어 다니는 공통점이 있습니다.

새와 공룡이 다른 점도 있어요. 새는 날개가 있지만 공룡은 날개가 없다는 거예요. 그런데 사실 따지고 보면 새의 날개는 공룡의 앞발이 변해서 된 거예요. 새의 조상인 시조새의 화석을 보면 알 수 있지요. 크기가 비둘기와 까치의 중간 정도인 시조새는 공룡시대에 살았던 동물인데 공룡과 새를 모두 닮았어요. 새처럼 날개를 가졌지만 날개 끝에는 공룡처럼 발톱이 달려 있었거든요. 그래서 과학자들은 시조새의 화석을 보고 공룡의 앞발이 변해서 날개가 된 것이라 생각해요.

공룡 나라에 올림픽이 열렸어요

공룡 나라에 올림픽이 열렸습니다. IQ 뽐내기 대회부터 달리기 대회, 소리내기 대회 등 종목이 다양해요. 어떤 공룡들이 1등을 했을까요?

내 머리가 최고야!

공룡들은 얼마나 머리가 좋았을까요?
어떤 사람들은 공룡의 머리가 아주 좋았을
거라고 생각할지도 몰라요. 왜냐하면 공룡이
1억6천만 년 동안이나 지구를 지켜왔으니까요.
그렇지만 공룡들이 머리가 좋아서 그렇게
오랫동안 지구에서 살 수 있었던 것은
아니에요.
그보다는 그 당시 지구의 환경이 공룡들이
살기에 너무나 좋았기 때문이죠.
사실 공룡들이 살던 때에는 먹을 게 너무

풍부했어요. 여기저기 우거진 숲, 나무, 열매, 그야말로 초식 공룡에게는 지상낙원이었죠. 그래서 초식 공룡은 졸리면 잠을 자고, 배가 고프면 일어나 나뭇잎이나 나무줄기를 먹기만 했지요. 그리고 결혼하고 새끼 낳고… 그렇게 살면 됐어요. 단, 육식 공룡이 쳐들어올 땐 초식 공룡끼리 힘을 모아 무찔러야 했지요. 초식 공룡들은 대개 모여 살기 때문에 육식 공룡이라고 해도 함부로 쳐들어올 수는 없었어요. 육식 공룡 혼자서 한꺼번에 많은 초식 공룡을 공격할 순 없잖아요.

스테고사우루스와 코끼리는 몸무게가 비슷하지만 코끼리의 뇌가 스테고사우루스의 뇌보다 무려 30배나 더 무거워요.

그래서 뭉치면 살고 흩어지면 죽는 게 바로 초식 공룡이에요.
초식 공룡들은 보통 10마리 이상이 같이 움직였어요.
어린 공룡들은 엄마, 아빠 뒤를 졸졸 따라다녔고요.
이렇게 같이 몰려다니면서 먹고 자기만 하면 되니까 머리를 쓸 일은 별로 없었죠.
그래서 몸에 비해 뇌가 매우 작았어요.
등에 넓은 판이 달린 '스테고사우루스'는 몸의 무게가 3.3톤인데 비해 뇌의 무게는 60그램에 불과했어요. 달걀 한 개만 한 무게예요. 코끼리는 스테고사우루스와 몸무게가 비슷한데 뇌의 무게는 1.8킬로그램이에요. 코끼리의 뇌가 스테고사우루스의 뇌보다 무려 30배나 더 무겁지요.
무시무시한 티라노사우루스는 몸무게가 7톤이나 나가요. 작은 트럭 7대가 힘을 합쳐야 이 공룡을 실어 나를 수 있는 어마어마한 무게죠.

그런데 머리 속 뇌의 무게는 겨우 150그램이에요. 여러분이 즐겨먹는 작은 우유팩보다 가벼워요. 그래도 초식 공룡인 스테고사우루스보다는 3배 정도 무겁지요. 왜냐구요?
티라노사우르스 같은 육식 공룡은 초식 공룡보다는 머리를 쓸 일이 많았거든요.

사냥을 하기 위해 무리를 지어 사는 초식 공룡들 중에서 한두 마리를 따로 떼어 놓을 줄 알아야 했고, 나무 뒤에 숨어서 초식 공룡을 기다릴 줄도 알아야 했고, 먹잇감 냄새를 잘 맡아야 했고, 시력도 좋아야 했기 때문에 뇌가 발달할 수밖에 없었지요.
그래서 초식 공룡보다 육식 공룡의 뇌가 더 컸던 거예요.
물론 육식 공룡이라고 해도 지금 이 세상에 사는 동물들보다 머리가 나빴지만, 먼 옛날 공룡 나라에서 살아갈 때에는 아무 문제가 없었답니다.

육식 공룡은 여러 가지 작전을 세워 초식 공룡을 따라다니며 잡아먹어야 했기 때문에 머리 쓸 일이 초식 공룡보다 많았어요.

공룡 눈은 어디에 있을까?

초식 공룡과 육식 공룡은 눈의 위치가 달랐어요. 초식 공룡은 어디에서 육식 공룡이 나타나는지 늘 감시해야 했기 때문에 주변을 두루두루 볼 수 있도록 눈이 얼굴 옆쪽에 붙어 있었어요.

이런 눈은 사물이 얼마나 멀리 떨어져 있는지 정확하게 알기는 어려워도 시야가 더 넓어지기 때문에 육식 공룡이 어디서 오는지 쉽게 알 수 있죠.

반대로 육식 공룡의 눈은 얼굴 앞쪽에 붙어 있었습니다. 덕분에 육식 공룡은 좁은 시야를 가지게 되었지만 대신 먹잇감인 초식 공룡의 위치를 정확히 찾을 수 있었지요. 사실 큰 육식 공룡이 옆이나 뒤를 볼 필요는 없었어요. 왜냐하면 자신을 공격할 공룡은 별로 없거든요. 그래서 먹잇감을 정확히 찾기 위해 눈을 정면에 두는 게 훨씬 편했을 거예요.

최고의 파수꾼은?

키가 10미터나 되는 '파라사우롤로푸스'라는 오리주둥이 공룡은
머리 뒤에 뿔처럼 생기고 속이 텅 빈 관이 달려 있었어요.
이 관의 공기 통로는 목에서 머리를 지나 다시 코로 연결되는데
관의 길이가 무려 1미터나 됐지요.
이 관은 무슨 일을 했을까요?
이게 궁금했던 어떤 과학자가 이 오리주둥이 공룡의 머리 모양을
만들어 공기를 불어넣어 봤대요. 그랬더니 "부우"하고
오보에라는 악기가 내는 소리처럼 낮은 소리가 났어요.

이 공룡은 아마도 육식 공룡이 주변에 나타났을 때 '부우' 하고 낮은 소리를 냈을 거예요. 그러면 이 소리가 온 숲에 울려 퍼졌을 테고, 다른 오리주둥이 공룡들은 친구가 들려주는 위험 신호를 듣고는 '아, 무서운 육식 공룡이 나타났구나.' 라고 생각하고 재빨리 도망쳤을 거예요.

하지만 육식 공룡은 이 '부우' 하는 소리가 울창한 숲 속 어디에서 나는 지 알 수가 없었어요. 낮은 소리는 높은 소리보다 훨씬 더 멀리 전달되고, 또 소리가 나는 곳을 찾아내기도 어렵거든요.

육식 공룡은 오리주둥이 공룡을 잡아먹고 싶어도 어디서

나는 소리인지 모르니 허탕을 쳤을 테고요. 화만 잔뜩 난 채 다른 곳으로 가버렸을 거예요.

아직까지 파라사우롤로푸스 말고 다른 공룡이 소리를 냈다는 증거는 많지 않습니다. 하지만 공룡의 사촌이라고 할 수 있는 새가 '짹짹', '부엉부엉', '구구구구' 소리를 내는 것처럼 공룡들도 제각기 자기만의 개성 있는 소리를 냈을 것이라고 과학자들은 생각하고 있어요.

달리기 선수, 오르니토미무스

공룡 중에 가장 빨리 달리는 공룡은? 바로 '오르니토미무스'란 육식 공룡이에요. 이 공룡은 타조처럼 빨리 뛰었고 생김새도 타조처럼 생겼어요. 그래서 '타조 공룡'이라고도 불린답니다. 타조가 머리는 주먹만한데 목과 다리가 길고 몸통은 사람이 탈 수 있을 정도로 크잖아요. 오르니토미무스도 그렇게 생겼어요. 게다가 키는 180센티미터, 몸무게는 100킬로그램 정도로 덩치도 타조와 비슷했어요.

이 공룡이 빨리 달린 이유는 먹잇감인 쥐처럼 작고 민첩한 포유류를 쫓아가기 위해서였어요.
공룡 시대에도 쥐와 비슷한 크기의 포유류가 살았는데 이러한 작은 동물들을 먹고 사는 공룡이 꽤 있었답니다.
오르니토미무스는 빠른 대신 턱이 매우 약했고, 이빨도 없었어요. 하지만 앞발은 땅을 잘 파헤칠 수 있어서, 곤충이나 알을 훔쳐 먹었어요. 그리고 공룡 중에서 눈이 가장 컸답니다.
눈이 큰만큼 시력도 좋아 어두컴컴한 곳에서도 주변을 잘 볼 수 있었지요. 그래서 해가 뜨기 전이나 해가 진 후에 덤불이나 땅을 뒤져서 쥐 같은 작은 동물이나 도마뱀을 앞발로 휙 낚아채어 입에 넣고 꿀꺽 삼키곤 했답니다.

가장 작은 공룡은? 가장 무거운 공룡은? 가장 키가 큰 공룡은?

내가 제일 무겁다고.

공룡 중에서 가장 작은 공룡은 누구일까요? 바로 육식 공룡인 '미크로랍토르'예요. 키가 40센티미터 정도인 이 공룡은 몇 마리 씩 떼를 지어 자기보다 큰 동물을 사냥하기도 했어요. 곤충이나 알을 먹기도 하고요. 초식 공룡 중에서 가장 작은 공룡은 '레소토사우루스'인데 큰 닭만 한 크기의 몸집을 가졌지요.
가장 무거운 공룡은 '아르헨티노사우루스'라는 초식 공룡이에요. 무게가 무려 100톤이나 나가고, 길이도 30미터나 되지요.

"나도 만만치 않아. 키는 내가 더 클걸."

그런데 놀라지 마세요. 지금 우리가 사는 세상에는 이 공룡보다 더 큰 동물이 바다 속에 살고 있어요. 바로 적도나 대양의 먼 바다에서 사는 '흰수염 고래' 라는 동물인데 이 고래가 어른이 되면 몸무게가 130톤이나 나간대요. 이 흰수염 고래는 하루에 크릴새우나 조그만 물고기를 3톤 이상 먹어야 배가 찬다고 합니다. 키가 가장 큰 공룡은 목 긴 공룡의 하나인 '세이스모사우루스' 라는 공룡입니다.

1986년 8월에 미국 뉴멕시코 주에서 발견된 이 공룡 화석은 머리에서 발끝까지의 길이가 무려 35미터도 넘을 정도로 어마어마하게 길답니다. 그래서 이 공룡이 한 걸음 한 걸음 내딛을 때마다 땅이 울렸을 거라 생각되어 세이스모사우루스라 이름 지어졌지요. 세이스모사우루스는 '지진을 일으키는 공룡'이란 뜻이거든요.

가장 힘세고 무서운 공룡은?

힘이 세고 다른 공룡을 잡아먹는 육식 공룡에는 '메갈로사우루스'와 '알로사우루스', '알베르토사우루스', '다스플레토사우루스', '티라노사우루스' 등이 있는데,

그 중에서도 가장 무섭고 난폭한 공룡을 꼽자면 단연 티라노사우루스이지요. 키가 12미터나 되는 티라노사우루스는 날카로운 이빨과 크게 벌어지는 입을 이용해 초식 공룡들을 닥치는대로 사냥했습니다. 이렇게 해서 티라노사우루스는 하루에 약 80킬로그램의 고기를 먹었다고 해요. 식성이 좋다 보니 몸무게도 7톤이 넘었지요(이 정도면 어른 코끼리 2마리를 합친 무게와 거의 비슷해요). 큰 키, 무시무시한 이빨, 무거운 몸무게 외에도 강철 같이 튼튼한 근육이 티라노사우루스 뒷다리와 꼬리에 있었답니다. 그래서 먹이 사냥을 할 때 어느 육식 공룡보다도 재빠르게 행동을 할 수 있었지요.

공룡을 나눠 볼까요?

분류	종류 (학술명칭)	일반명칭	생김새와 발자국
용반류 (도마뱀 골반을 가진 공룡)	수각류	육식 공룡	
	용각류	목 긴 공룡	
조반류 (새 골반을 가진 공룡)	검룡류	판 공룡	
	곡룡류	갑옷 공룡	
	각룡류	뿔 공룡	
	조각류	새다리 공룡	

특징	대표 공룡들
뒷발로만 걷는다. 칼 같은 이빨, 날카로운 앞발톱이 있다.	벨로키랍토르, 알로사우루스, 티라노사우루스, 오비랍토르, 데이노니쿠스
네 발로 걷는다. 목과 꼬리가 길고 가장 큰 공룡으로 자라남. 초식 동물.	브라키오사우루스, 카마라사우루스, 아파토사우루스, 세이스모사우루스, 바로사우루스
네 발로 걷는다. 등에 판 모양의 돌기, 몸과 꼬리에 창 모양의 돌기가 있음. 머리가 작음. 초식 동물.	스테고사우루스, 튜오지안고사우루스, 켄트로사우루스
네 발로 걷는다. 머리와 온몸이 두꺼운 갑옷 피부로 덮임. 어떤 종류는 꼬리에 뼈뭉치 발달. 초식 동물.	안킬로사우루스, 유오플로케팔루스, 에드몬토니아, 힐라에오사우루스
네 발로 걷는다. 얼굴에 다양한 크기의 뿔이 발달. 머리 뒤에 방패 모양의 프릴이 발달. 초식 동물.	트리케라톱스, 카스모사우루스, 프로토케라톱스, 토로사우루스
네 발 혹은 뒷발로 걷는다. 몸에 방어를 위한 별다른 특징이 없음. 주둥이가 오리처럼 발달. 머리에 다양한 볏이 발달. 초식 동물.	이구아노돈, 힙실로포돈, 마이아사우라, 오우라노사우루스, 에드몬토사우루스, 코리토사우루스

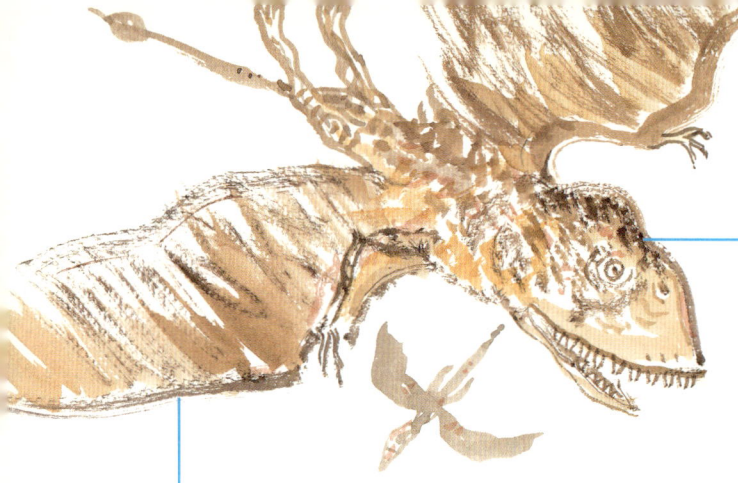

공룡들은 어떻게

살았을까?

옛날 옛날에 박테리아가 생겨났어요

"꿈틀, 꿈틀, 꿈틀, 꿈틀."
아주 아주 먼 옛날 공룡이 생겨나기 훨씬 이전에 우리가 사는
지구에 첫 생명체가 나타났습니다. 40억 년이라는, 상상하기도
힘들만큼 오래된 옛날에, 눈에 보이지도 않는 아주 조그만
박테리아가 바다 속에서 숨을 쉬기 시작했지요.
이 박테리아는 단 한 개의 세포로 이루어져 있었습니다.

박테리아가 번식하는 방법은 참 신기합니다. 자기 몸이 두 개로 갈라지면서 박테리아 한 마리가 두 마리가 되고, 두 마리는 네 마리, 네 마리는 여덟 마리, 천 마리… 만 마리, 백만 마리… 이렇게 해서 박테리아는 점점 자신들의 숫자를 불려 나갔습니다. 바다 속에는 박테리아가 가득 차기 시작했습니다.

반면, 육지에는 아직 생명체가 아무 것도 없었습니다. 육지는 너무나 뜨거웠습니다. 햇볕이 너무 뜨거워 도저히 생물이 살 수가 없었습니다. 대기권이라는 공기층이 지구 위에 만들어져야 하는 데 이 대기권이 없어서 뜨거운 태양빛이 그대로 땅 위에 내리쬐었어요. 더구나 태양에서 오는 자외선이라는 무서운 광선은 생명체에게는 독이나 다름없었지요. 만약에 사람을 비롯해서 사자, 호랑이 같은 동물이나 나무, 풀 등의 식물이 그때 땅 위에서 살았다면 모두 죽어버렸을 거예요.

그래서 바다 속에 박테리아가 살던 먼 옛날엔, 땅 위에는 생물이 없었습니다.

그런데, 박테리아들이 바다 속에 살면서 계속해서 산소를 만들어 냈습니다.

"부글~ 부글~ 부글~"

박테리아가 만들어 낸 산소가 바다 속에 가득 차기 시작했습니다.

"부글~ 부글~ 부글~"

바다 속을 꽉 채운 산소가 넘치고 넘쳐 드디어 바다 위로 나오기 시작했지요. 그리고 대기로 퍼져 나갔습니다.

이제 땅 위에도 생물들이 살 수 있게 되었습니다. 산소가 땅위에, 하늘에 가득가득 차기 시작했으니까요. 그리고 이 산소가 지구를 빙 둘러싸서 태양이 보내는 무시무시한 '자외선'도 막아줬지요. 육지에서도 생물들이 살 수 있게 된 거죠.

이제 지구에는 박테리아뿐만 아니라 박테리아가 만든 산소를 이용해 사는 생물들이 서서히 나타나기 시작했습니다.

이런 상태로 35억 년이란 긴 시간이 계속 흘러갔습니다.

마침내 바다 속에는 꽃처럼 아름다운 '산호'의 조상과 바다 밑바닥을 기어 다니는 '삼엽충'의 조상이 나타나기 시작했습니다. 이 삼엽충의 조상은 가재의 납작한 몸통과 꼬리를 닮았고 배에는 다리가 많아서 바다 밑바닥을 휘젓고 다니기에 적합했습니다. 겉껍질은 바닷게처럼 딱딱해서 바다 속 진흙을 파고들기 쉬웠고요.

이제 '어류의 시대'라고 불릴 만큼 바다 속에는 다양한 생물들이 살기 시작했습니다.

고생대, 중생대, 신생대가 뭐예요?

방사성 동위원소라는 물질을 분석해 지구의 나이를 측정하기 이전에는 과학자들은 화석을 통해 지구의 나이를 구분했어요.

고생대는 5억4천2백만 년 전부터 시작돼 2억5천1백만 년 전에 끝이 나는 시대로, '오래된 생물의 시대'라는 뜻이에요. 고생대에 살던 생물의 화석이 나오는 땅을 '고생대 지층'이라고 부르지요.

중생대는 고생대 뒤를 이어 2억5천1백만 년 전부터 6천5백만 년 전까지 지속된 시대이고, 고생대보다는 새롭고 신생대보다는 오래된 중간 시대의 생물이 살던 시대를 말합니다. 바로 이 시대에 공룡이 살았습니다.

신생대는 6천5백만 년 전에 시작돼 오늘날까지 이어지는 시기를 말해요. 인간을 포함하여 지금 지구 위에 있는 동물들의 조상들이 살았고, 또 살고 있는 시대를 말합니다.

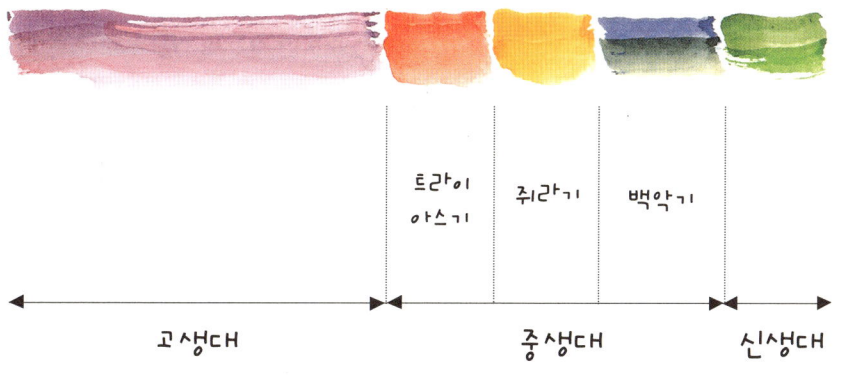

강에서 땅으로 양서류들이 기어 올라와요

고생대에는 동물들이 숨을 쉴 수 있는 산소가 더욱더 풍부해졌습니다. 먼저 물속에 살던 식물들이 강가로 나와 서식하기 시작했습니다. 강가에서 살면 뿌리로 물을 빨아들이기 쉽기 때문이었지요.

그러자 이들을 먹기 위해 물과 육지에서 동시에 살 수 있는 양서류들이 물에서 올라와 육지에서 살기 시작했습니다. 가장 먼저 육지로 올라온 동물은 물고기에서 진화한 동물이었습니다. 지느러미가 다리로 변한 '이크티오스테가'라는 양서류이지요. 이들이 땅에 첫 발을 디딘 게 지금으로부터 3억7천만 년 전입니다. 이들이 바로 네 다리를 가진 동물들의 조상이랍니다.

이 동물 외에도 악어처럼 생긴 '아칸토스테가' 같은 동물도 당시 물과 육지를 오갔던 대표적인 양서류랍니다.

이런 양서류들은 알을 물에다 낳기 때문에 반드시 물가에서 살아야 했습니다. 양서류의 알껍데기는 계란처럼 딱딱하지 않고 매우 흐물흐물하답니다. 땅 위에다 알을 낳으면 쉽게 말라버려 알 속의 생명체가 죽어버리기 때문에 물에다 알을 낳았던 거지요.

그러다가 고생대 시대가 끝날 무렵에 양서류에서 진화해 나온 파충류들은 물가를 떠나서도 살 수 있도록 딱딱한 껍질의 알을 낳았습니다. 이제 물가에 알을 날 필요가 없어지자 파충류들은 물이 적은 육지 깊숙한 곳으로 점점 퍼져 나가게 되었지요.

공룡이 나타나기 전에는 누가 살았을까?

'리스트로사우루스'와 같이 포유류처럼 생긴 파충류도 고생대 말기에 나타나기 시작했습니다.

리스트로사우루스처럼 얼굴의 뼈 모양이 포유류를 닮은 파충류를 일컬어 '포유류형 파충류'라고 불러요.

이 동물은 어떻게 보면 커다란 도마뱀 같고 어떻게 보면 뿔 없는 코뿔소가 엎드려 있는 모습 같기도 해요.
리스트로사우루스 같은 '포유류형 파충류'는 나중에 나타난 공룡과 생존 경쟁을 벌이다가 밀려 멸종하게 되었지요.
그렇지만 이들의 후손은 자식에게 젖을 먹이는 동물인 포유류로 진화하였습니다.

이밖에 잠자리, 바퀴벌레와 같은 곤충뿐 아니라 이름 모를
수많은 벌레들이 고생대 시대에 나타나 동물 시체들이 썩고 있는
늪지대 주변에 살면서 청소부 노릇을 했습니다.
한편 상어, 가오리, 턱없는 물고기, 실라칸스 같은 물고기들은
바다 속을 누비고 다녔죠. '실라칸스'는 다른 물고기와 달리
지느러미 속에 딱딱한 뼈가 있었어요. 길이가 2미터나 되는 것도
있었고요.
실라칸스의 지느러미는 마치 조그만 발처럼 생겼습니다.
그래서 이 물고기를 '네 발 달린 괴물 물고기'라고 해요. 아마 이
발처럼 생긴 지느러미로 헤엄을 치기도 하고 바다 밑바닥을
엉금엉금 걸어 다니기도 했을 거예요.
참! 놀랄 이야기가 하나 있어요. 이 실라칸스가 최근까지도
저 깊은 바다 속에서 살고 있다는 사실이에요.
1938년에 어떤 사람이 실라칸스를 아프리카 코모로 섬 근처의
깊은 바다 속에서 그물을 던져 잡은 적이 있거든요.

살아있는 화석을 발견한 셈이었지요.

3억 년 넘게 바다 속에서 종족을 유지해 온 물고기이니까요.

하지만 안타깝게도 이 실라칸스는 배 위로 끌어 올려진 후 4시간 만에 죽고 말았습니다.

드디어 공룡이 나타났어요 - 트라이아스기

이처럼 바다 생물, 육지 생물들이 평화롭게 살아가던 무렵 지구에 이상한 일이 생겼습니다. 흩어져 있던 큰 대륙들이 서서히 적도 쪽으로 뭉쳐지기 시작한 거죠.

그러다가 결국 모든 큰 대륙들이 하나로 합쳐졌습니다. 이렇게 합쳐진 거대한 대륙을 '판게아' 라고 불러요. 땅 덩어리가 하나가 되자 바닷가에 살던 생물들의 보금자리는 사라져 버렸습니다. 바닷가와 멀어져 버린 땅은 건조해지면서 사막으로 변하기 시작했고, 식물들은 죽어갔습니다. 숲도 사라졌지요.

먹을 것이 줄어들자 살아 남은 생물들 간에 먹이 경쟁이 치열해졌습니다. 결국, 물과 육지에서 살았던 고생대

생물의 90퍼센트가 멸종하고 말았습니다.

이 무렵, 마침내 우리가 그토록 기다렸던 최초의 공룡이 나타났습니다. 지금으로부터 2억3천만 년 전의 일이었지요.

최초의 공룡이 나타난 이후 중생대가 끝나는 6천5백만 년 전까지 무려 1억6천5백만 년 동안, 공룡은 이 지구를 지배한 주인공이었답니다.

인류 최초의 조상인 '오스트랄로피테쿠스'가 나타난 이후 지금까지 인간이 이 지구에 산 시기보다 무려 41배나 오랜 시간을 말이지요.

땅 덩어리가 하나가 되자 바닷가에 살던 생물의 보금자리는 사라져 버렸습니다.

최초의 공룡은 지금 우리가 생각하는 공룡만큼 그렇게 크지는 않았습니다. 몸길이가 1미터 정도였지요. 당시에 살았던 초기 공룡으로는 '에오랍토르', '헤레라사우루스'가 있는데 이들은 모두 두 다리로 걷고 뛰는 육식 공룡이었습니다.

중생대 초기인 '트라이아스기'에는 이런 공룡과 함께 거북, 악어, 익룡, 수장룡, 어룡들도 나타났어요. 당시 물가에서 살던 악어들은 지금과 마찬가지로 물을 먹으러 온 동물을 잡아먹고 살았답니다.

고생대 말기부터 살았던 포유류형 파충류는 공룡이 처음 출현했던 중생대 초기까지 살아 있었어요.

포유류형 파충류는 몸길이가 2미터를 넘었으며 식물을 뜯어 먹는 초식성과 사냥을 하는 육식성 두 종류가 있었지요. 이들은 공룡과 같이 어울려 살면서 먹이와 서식지를 차지하기 위한 경쟁을 해야 했습니다.

하지만 포유류형 파충류들은 새로 나타난 이상하게 생긴 공룡들을 이길 수가 없었어요. 자신들은 다리가 ㄱ자로 꺾여 어기적거리며 걸어야 했는데 반해, 공룡들은 쭉쭉 뻗은 다리를 이용해 성큼성큼 달려서 먹이를 먹어 치우고, 적이 나타나면 빨리 숨을 수 있었거든요.

이 당시 공룡들은 이처럼 다른 동물들과의 경쟁에서 이겨 내긴 했지만 여전히 덩치도 작았고, 숫자도 적었습니다. 당시 육지에 100마리 동물이 있었다면 이 중에서 5마리 정도만 공룡이었고 나머지 대부분은 포유류형 파충류이거나 원시파충류들이었습니다.

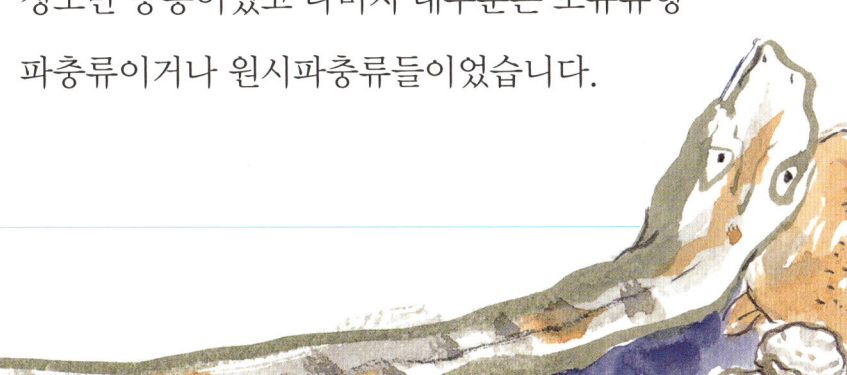

바다와 하늘엔 누가 살았을까?

육지에서 초기 공룡과 포유류형 파충류가 경쟁을 벌이는 동안에 바다에서도 강자와 약자 사이에 치열한 생존 전쟁이 일어났습니다.

이 당시 바다의 강자는 어룡과 수장룡이었습니다. 어룡은 돌고래와 비슷하게 생겼는데 움직이는 모양은 조금 달랐습니다. 돌고래는 꼬리를 위아래로 움직이지만 어룡은 꼬리를 좌우로 움직였지요. 다만 어룡은 돌고래처럼 새끼를 낳았습니다.

수장룡은 굉장히 큰 바다 생물이었지요. 목뼈가 무려
33개나 있을 정도로 목이 길고, 몸길이가 14미터나 됐어요.
물개 발처럼 생긴 지느러미 4개를 가지고 있었는데
이 지느러미로 헤엄을 쳐서 먹잇감을 열심히 쫓아갔지요.
그러다 긴 목을 이용해 입으로 확 낚아챘답니다. 수장룡의
이빨은 송곳처럼 생겨서 물고기를 한번 물면 놓치지 않았습니다.
수장룡은 물고기, 오징어, 그리고 오징어와 비슷하게
생겼으면서도 딱딱한 껍질을 가진 '벨렘나이트' 등을
잡아먹었어요.
이들 바다 생물은 중생대가 끝날 때까지 계속해서 대를
이어갔습니다.

익룡은 곤충을 제외하고 하늘을 날았던 첫 번째 동물이랍니다.

하늘에서는 새보다 훨씬 큰 익룡들이 큰 날개를 펴고 펄럭펄럭 날개를 휘저으며 하늘을 날고 있었습니다. 마치 경비행기가 하늘을 나는 것처럼요. 가장 큰 익룡이 하늘을 날면 좌우로 날개 길이가 12미터나 됐답니다. 반면에 가장 작은 익룡은 제비만한 것도 있었지요.

익룡이 하늘을 날수 있기 때문에 많은 사람들이 '새'와 착각하기도 하는데 익룡은 새와는 달라요. 새는 깃털이 있는데 익룡은 깃털이 없었거든요. 익룡의 날개는 질긴 피부막으로 되어 있었지요.

익룡은 눈이 아주 좋아서 하늘 높이 날면서도 먹이를 쉽게 찾을 수 있었습니다. 바다 수면 가까이에 있는 물고기를 날쌔게 낚아채 잡아먹었지요. 익룡의 이빨은 송곳처럼 생겨서 이빨로 물고기를 꽉 물면 아무리 미끈미끈하더라도 놓치지 않았답니다. 익룡은 땅 위에서 걸을 수도 있었습니다. 앞으로 엎드린 채 좌우 날개에 붙은 앞발가락 3개와 사람 발처럼 길쭉한 뒷발을 사용해 '뒤뚱뒤뚱, 어기적 어기적' 걸었어요.

하늘을 지배한 익룡도 어룡, 수장룡과 마찬가지로 공룡이 지배하던 중생대가 끝나갈 때까지 공룡들과 함께 잘 어울려 살았습니다. 익룡은 곤충을 제외하고 하늘을 날았던 첫 번째 동물이랍니다.

수장룡·어룡·익룡은 공룡이 아니예요! 중생대 시대 육지에서만 살았던 파충류를 공룡이라고 하지요.

드디어 공룡 세상이 시작됐어요 - 쥐라기 시대

포유류형 파충류, 수장룡, 어룡, 익룡과 같은 다양한 동물이 공룡과 함께 중생대 초창기에 잘 살고 있었습니다. 그러던 어느 날, 지금으로부터 약 2억1천만 년 전에 커다란 운석이 지구 위에 떨어졌어요. 지금의 캐나다에 있는 퀘백 지역에 운석이 떨어졌지요.

땅 위에서는 큰불이 났고, 운석으로 인해 생긴 먼지가 하늘을 뒤덮어서 날씨가 추워졌습니다. 먹을 것도 찾기 힘들었습니다. 그러자 몸이 둔해서 큰불을 재빨리 피하지 못한 포유류형 파충류와 원시파충류는 대부분 죽을 수밖에 없었습니다. 하지만 공룡은 달랐어요. 곧게 뻗은 다리를 이용해 재빨리 움직이며 피할 곳을 찾았고, 죽은 시체를 먹으며 생명을 유지했죠. 오히려 운석 덕분에 자신들과 먹이 경쟁을 하던 포유류형 파충류들이 사라져 버려서 이 땅을 지배할 기회를

얻게 되었지요. 이제 먹이를 독차지하면서 공룡들은 덩치가 서서히 커지기 시작했습니다. 공룡들의 전성기인 '쥐라기 시대'가 시작된 것입니다.

이때가 되자 지구에 또다시 변화가 일어났습니다. 하나로 뭉쳐졌던 대륙이 다시 남북으로 흩어지기 시작한 거죠. 땅이 쩍쩍 갈라졌고, 커다란 바다가 대륙과 대륙 사이에 놓여 기후가 변하기 시작했죠. 예전보다 기온이 약간 떨어지고 비가 많이

오자 온 지구가 마치 아마존의 열대우림처럼 변해갔습니다. 피부가 끈적끈적할 정도로 습도가 굉장히 높았죠. 일년 내내 온도가 일정해 여름과 겨울의 기온 차이가 거의 없었어요. 겨울에도 눈이 오지 않았습니다. 매일매일 초여름처럼 따뜻했습니다. 지금의 남극과 북극 지방에도 얼음이 얼지 않았지요. 이와 함께 바닷물이 대륙 사이로 스며들면서 해양 생물들도 다시 번창하기

시작했죠.

지구 적도 지역에서 번성했던 식물들은 점차 지구 곳곳으로 퍼져나갔습니다. 침엽수, 야자나무, 소철류, 세쿼이아 같은 키가 20미터가 넘는 나무(이를 겉씨식물 또는 나자식물이라 함)들이 전 지구를 덮었지요. 그래서 목 긴 공룡들은 이런 키 큰 나무의 잎사귀와 줄기를 먹기 위해 목이 쭉쭉 더 길어졌습니다.

중생대 쥐라기 시대에는 먹을 게 풍부해져서 초식 공룡들이 늘어났습니다. 더불어 초식 공룡들을 잡아먹는 육식 공룡도 많아졌어요. 공룡은 북극에서부터 남극까지 어느 땅에나 살 수 있었습니다. 당시 육지에서 살던 동물 100마리 중 60마리 이상이 공룡이었을 정도로 공룡의 수는 엄청나게 늘어났지요.

공룡이 쑥쑥 자라난 이유는?

초기 공룡을 보면 키가 작은데 그 후에 나온 공룡들은 왜 키가 산처럼 커졌을까요? 그건 말이죠, 많이 먹어서이기도 하지만 공룡의 뼈가 특이하게 생겼기 때문이에요. 공룡의 뼈를 보면 뼈끝이 물렁물렁한 연골로 돼 있어요. 연골이라는 것은 영양분만 공급되면 얼마든지 자랄 수 있는 뼈예요. 쥐라기 시대의 공룡들은 많이 잘 먹어서 연골이 잘 자랐고 덩치도 커질 수 있었답니다. 육식 공룡 알로사우루스는 12미터, 목 긴 공룡 아파토사우루스는 23미터나 키가 자랐습니다. 공룡 뼈에는 또 다른 비밀이 숨겨져 있어요. 바로 얼마나 오래 살았는지 나이를 알 수 있다는 거예요. 초식 공룡의 뼈를 보면 나무처럼 나이테가 있습니다. 그 테가 30개 있으면 그 공룡이 30년을 살았다는 것을 말해요. 그런데 육식 공룡의 뼈 화석을 보면 속이 텅 비어 있어 나이테가 없어요. 그래서 몇 년을 살다 죽었는지 지금으로서는 알 수가 없답니다.

날씨가 다시 추워졌어요 - 백악기 시대

공룡들이 먹이를 풍족하게 먹으며 한가롭게 살던 어느 날, 갑자기 날씨가 이상해졌습니다.

중생대의 마지막 기간인 '백악기 시대'로 접어들자 지구의 대륙은 점점 더 남북과 동서로 멀리 갈라졌고 현재의 대륙과 비슷한 모양을 하게 되었습니다. 그리고 바닷물이 육지 위로 더 차오르기 시작했어요. 육지는 조금씩 줄어들었고, 지금과 같은 봄-여름-가을-겨울 4계절이 생겨났으며, 날씨가 조금 더 추워지기 시작했죠.

이때 식물들은 초식 공룡에게

또 변신!!

잡아먹히지 않으려고 꾀를 냈습니다. 자신들의 키를 점점 줄인거죠. 키가 큰 공룡들의 먹이가 되지 않으려면 덩치를 줄여야 했으니까요.
이처럼 날씨가 바뀌고 식물들이 작아지자 공룡들은 점점 살기가 힘들어졌습니다. 다만, 작은 초식 공룡들은 전에 맛보지 못한 새로운 맛을 느낄 수 있는 기회를 얻었지요. 잎이 넓고 꽃이 피는 활엽 식물들이 이 시기에 처음 나타났거든요. 이전엔 질긴 나뭇잎만 먹어야 했지만 꽃처럼 달콤새콤한 것을 먹으면서 비로소 음식에도 맛이 있다는 걸 알게 되었답니다.

잎이 넓고 꽃이 피는 활엽 식물들이 이 시기에 처음 나타났습니다.

당시 이구아노돈, 오리주둥이 공룡은 여기저기 돌아다니며 꽃을 마구마구 따먹었습니다. 이들은 꽃잎을 꼭꼭 씹으면서 향긋한 맛을 즐겼죠. 특히 오리주둥이 공룡은 볼이 발달해 있어서 입에 한가득 나뭇잎과 꽃을 넣고 수백 개의 이빨로 우적우적 씹어 먹었어요.

그러나 대다수 공룡들에게 이러한 환경의 변화는 그리 좋은 일이 아니었습니다. 목 긴 공룡의 먹이인 키가 큰 침엽수림은 북극에 가까운 지역에서만 살게 되었고, 적도 지역은 열대우림이 점점

오리주둥이 공룡은 여기저기 돌아다니며 꽃을 마구마구 따먹었습니다.

더 줄어들어 나무가 거의 없는 초원지대로 변하기 시작했지요. 계절이 생기자 겨울엔 날씨가 추워졌어요. 추위는 공룡들을 움츠리게 만들었죠.

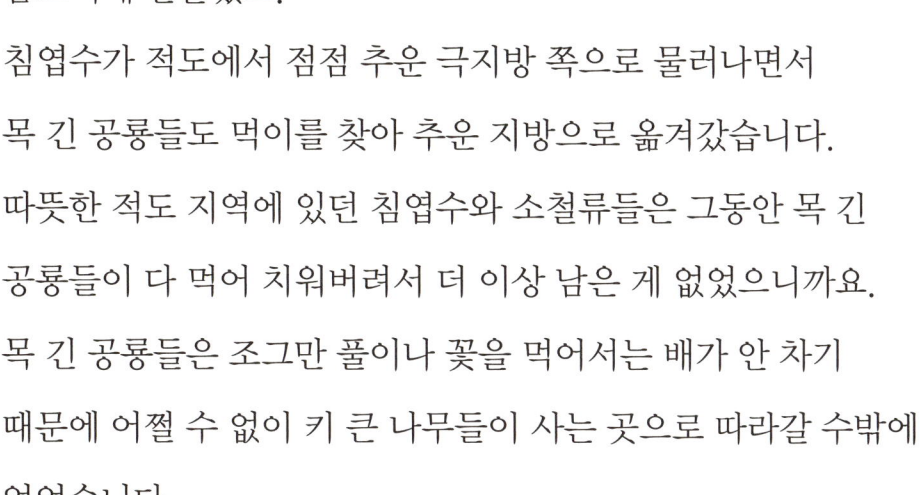

침엽수가 적도에서 점점 추운 극지방 쪽으로 물러나면서 목 긴 공룡들도 먹이를 찾아 추운 지방으로 옮겨갔습니다. 따뜻한 적도 지역에 있던 침엽수와 소철류들은 그동안 목 긴 공룡들이 다 먹어 치워버려서 더 이상 남은 게 없었으니까요. 목 긴 공룡들은 조그만 풀이나 꽃을 먹어서는 배가 안 차기 때문에 어쩔 수 없이 키 큰 나무들이 사는 곳으로 따라갈 수밖에 없었습니다.

그러다보니 목 긴 공룡이 떠난 자리엔 오리주둥이 공룡과 같이 꽃이나 작은 나무를 먹는 공룡과 이들을 잡아먹는 육식 공룡들이 살게 됐지요.

이제 공룡들은 자기의 먹이를 따라 이리저리 뿔뿔이 흩어져 살기 시작했습니다.

공룡이 지구에서 사라졌어요

그러던 어느 날 또 다시 운석이 지구에 떨어졌습니다.
6천5백만 년 전의 일이지요. 그러나 이번에는 공룡들에게 행운이 아니라 아주 불행한 일이었습니다.
운석의 위력이 그 이전과는 비교할 수 없을 정도로 대단했으니까요. 지름이 10킬로미터나 되는 거대한 운석이 시속 10만 킬로미터의 속도로 멕시코에 있는 유카탄 반도에

떨어졌습니다. 운석이 떨어진 곳에는 지름이 180킬로미터나 되는 큰 구덩이가 파였지요. 그리고 운석에서 나오는 뜨거운 열로 인해 산에 불이 붙었습니다.

운석이 떨어진 곳에서 나온 뜨거운 흙과 먼지, 가스, 그리고 숯검댕이가 위로 솟구쳐 올라가 하늘을 완전히 덮어 버렸어요. 무려 석 달 동안 이런 시커먼 먹구름이 하늘을 뒤덮어 버리자

환경이 나빠지자 공룡뿐만 아니라 바다 속의 수장룡, 어룡, 그리고 하늘을 날았던 익룡 등 척추동물의 90퍼센트가 멸종해 버렸습니다.

지구에는 햇빛이 전혀 들어올 수 없었고, 추운 겨울 날씨가 계속 되었습니다.

또한, 운석이 지구에 떨어지면서 지진과 화산 폭발을 일으켰습니다. 이 화산 폭발은 시뻘건 용암을 분출시켜 땅과 바다를 삼켜 버렸습니다. 용암은 무려 1백만 년 동안 계속 흘러 나왔습니다. 그리고 이 용암이 식어 굳어진 땅은 지금의 인도 데칸고원이 되었지요.

환경이 엄청나게 나빠지자 당시 땅을 지배하던 공룡뿐만 아니라 바다 속의 수장룡, 어룡, 그리고 하늘을 날았던 익룡 등 척추동물의 90퍼센트가 멸종해 버렸습니다.

제 아무리 공룡이라고 해도 커다란
자연 재앙 앞에서는 어쩔 수가
없었죠.
다만 날개가 있고 몸에 털이 있어
체온을 유지할 수 있었던 새나
조그만 포유류들은 재빨리
여기저기 숨어 목숨을 지킬 수
있었어요.
여름에 꽃을 피우는 속씨식물과

꽃들과 함께 살아가는 곤충, 새들도 중생대가 끝난 이후까지 살아남아 지금까지 자손을 퍼뜨릴 수 있었습니다. 또한 암모나이트와 같은 동물은 완전히 멸종했지만 악어, 도마뱀, 뱀, 거북과 같은 동물은 살아남았습니다.

이들이 바로 공룡이 멸망한 이후 인간과 함께 신생대 역사를 만들어 간 주인공들이지요.

언제, 어떤 공룡들이 살았나요?

공룡들이 살았던 중생대 시대는 '트라이아스기', '쥐라기', '백악기' 3개의 시대로 나눌 수 있어요. 트라이아스기는 맨 처음 공룡이 나타난 시대예요. 쥐라기는 공룡이 한창 번성하던 시기이죠. 끝으로 백악기는 공룡이 멸망하기 바로 전의 시대입니다.

	대표 공룡	특징
트라이아스기 (2억5천1백만 년 전~ 1억9천9백만 년 전)	에오랍토르 플라테오사우루스	작은 육식 공룡, 원시 목 긴 공룡들이 처음 출현.
쥐라기 (1억9천9백만 년 전~ 1억4천5백만 년 전)	알로사우루스 브라키오사우루스 스테고사우루스	거대한 목 긴 공룡과 육식 공룡, 그리고 다양한 초식 공룡들이 출현.
백악기 (1억4천5백만 년 전~ 6천5백만 년 전)	티라노사우루스 트리케라톱스 유오플로케팔루스 파라사우롤로푸스	뿔 공룡과 오리주둥이 공룡이 가장 번성, 목 긴 공룡은 서서히 사라져감.

공룡 찾으러 떠나자

이건 누구의 뼈일가요?

옛날 옛날에 모두 사라져 버린 공룡을 어떻게 사람들이 알게 되었을까요?
1824년 영국에서 이상한 동물의 턱뼈가 발견됐습니다.
이 턱뼈를 발견한 버클랜드 신부는 큰 파충류의 뼈일 것이라고만 생각했습니다.

1824년 영국에서 이상한 동물의 턱뼈가 발견됐습니다.

다음 해 영국의 의사 선생님이자 박물학자인 맨텔 아저씨와
그의 부인인 메리 아줌마도 이상한 이빨 하나를 우연히 발견하게
되었습니다. 그리고 이 이빨이 덩치가 크고 풀을 먹는
초식 동물의 이빨이라는 것을 알게 되었지요. 왜냐하면 사자나
호랑이의 이빨처럼 날카롭지 않고 뭉툭했기 때문입니다.
하지만 정확히 어떤 동물의 이빨인지는 알 수 없었습니다.
그래서 맨텔 아저씨는 이 이빨을 당시 고생물학 전문가였던
버클랜드 신부와 퀴비에게 보내서 어떤 동물의 이빨인지 알려

달라고 했습니다. 전문가들은 사자나 호랑이 같은 포유 동물의 이빨은 아니고 도마뱀과 같은 파충류의 이빨인 것 같다고 말해 주었습니다.

더욱 궁금해진 맨텔 아저씨는 화석을 보관하고 있는 영국의 박물관을 모두 뒤져서 비슷한 이빨이 있는지 조사해 보았습니다. 하지만 똑같이 생긴 이빨을 찾을 수가 없었습니다.

실망한 맨텔 아저씨가 모든 일을 포기하고 나오려 하는데 어느 청년이 맨텔 아저씨에게 다가가 무슨 일이냐고 물어보았습니다. 맨텔 아저씨는 자신이 발견한 이빨을 청년에게 보여주었습니다. 그러자 그 청년은 "이건 이구아나 이빨과 똑같이 생겼군요."하고 말해 주었습니다. 그 청년은 갈라파고스 섬에서 이구아나를 조사하고 막 귀국한 생물학자였어요.

맨텔 아저씨는 그 이빨의 주인공을
'이구아나의 이빨' 이라는 뜻에서

'이구아노돈'이라는 이름을 붙여 발표했습니다. 그 후 1834년에 영국에서 세 번째 공룡 화석이 발견되었습니다. 하지만 그때도 사람들은 이 화석의 정체를 알 수가 없었습니다.

"이제부터 공룡이라 부르겠소"

1842년 영국 자연사 박물관장이었던 리차드 오웬은 이 화석들을 가져와 곰곰이 생각해 보다가 '거대한 도마뱀'이란 뜻의 '다이노서', 우리말로 하면 '공룡'이란 이름을 붙여서 세상에 널리 알렸습니다. 이 말은 그리스어로 "deinos(무서운 혹은 거대한)"와 "sauros(도마뱀)"을 합친 말이에요. 공룡 얼굴을 보면 도마뱀과 많이 닮았거든요. 그런데 공룡이란 이름을 붙이긴 했지만 공룡이 어떻게 생긴 동물인지 아는 사람은 아무도 없었어요. 공룡이란 이름을 붙인 오웬 경조차도요.

오웬 경은 공룡의 모습이 무척

공룡은 그리스어로 "deimos(무서운 혹은 거대한)"와 "sauros(도마뱀)"을 합친 말이에요.

궁금했습니다. 그래서 동물 모형을 잘 만드는 워터하우스 씨와 함께 공룡을 만들어 보았는데 뼈 하나만 가지고 만들다보니 곰이나 코뿔소, 하마처럼 생긴 큰 동물 모양이 되었지요. 하지만 당시로서는 워낙 신기한 일이었기 때문에 영국에서 전시됐을 때 큰 인기를 모았답니다.

그 후 1878년 벨기에 베르니사르 탄광 지하 300미터 갱도에서 아구아노돈의 이빨과 함께 이구아노돈 전체 골격 화석이 무더기로 발견되었습니다. 이 화석의 발견으로 인해 맨텔 아저씨가 발견한 이구아노돈의 정체가 더욱 확실해졌지요. 그리고 공룡의 모형도 좀 더 정확하게 만들 수 있게 됐어요.

공룡 뼈는 다 화석이 될까?

과학자들은 지금도 공룡시대를 연구하기 위해 전세계를 돌아다니며 공룡 화석을 열심히 찾습니다.

그런데 공룡 화석은 어떻게 만들어지는 걸까요? 공룡이 죽으면 다 화석이 될까요? 그렇지 않습니다. 공룡의 시체는 복잡하고 힘든 과정을 거쳐야 화석이 될 수 있습니다.

공룡시대에 어떤 공룡이 병들어 죽었다고 한 번 생각해 보세요.
우선 먹잇감을 찾던 육식 공룡이 죽은 공룡을 발견하고는 굶주린
배를 채웠을 것이고, 그러고 나면 또 다른 육식 공룡이 찾아와
먹다 남은 공룡의 다리 한쪽을 물고 다른 곳으로 가지고 가
버렸을 거예요. 그 후에 또 다른 동물이나 곤충들이 공룡의
시체로 달려들어 먹고 나면, 결국 뼈만 앙상하게 남겠지요.
그 위로 공룡들이 지나가다가 그대로 꽝꽝 밟아버리면
이 공룡 뼈들은 과자부스러기처럼 부스러졌을 거예요.
아니면 뜨거운 태양볕 아래에서 천천히 가루로 변하든가요.
그렇지만 가끔 운이 좋으면 공룡 다리뼈, 아니 공룡 뼈 전부가

고스란히 남아 있는 경우도 전혀 없지는 않아요. 이런 뼈는 비바람이나 흐르는 물을 타고 온 흙이나 모래에 덮이게 되겠지요. 그리고 계속해서 또 다른 흙이나 모래가 마치 케이크처럼 층층이 쌓이게 되면, 이 흙덩어리들이 딱딱해지면서 퇴적암이라는 돌이 되어 공룡 뼈를 감쌉니다.
이 뼈는 수백만 년, 수천만 년을 돌 속에 박혀 있다가 화석이 되지요. 그러다가 비바람에 땅이 서서히 깎여나가거나 사람들이 도로나 건물을 만들기 위해 땅을 팔 때 발견되는 거랍니다.

어느날 공룡이 죽었어요.   뼈만 남게 되었고…

그런데 공룡이 죽어 이처럼 화석이 되는 것은 수백 마리, 수천 마리 중에서 한 마리도 안 돼요. 왜냐하면 앞에서 말한 것처럼 흙 속에 묻히기 전에 이리저리 다 뜯어 먹히고 그나마 남은 뼈마저도 땅속에 묻히기도 전에 대부분 가루가 되어 없어지기 때문이죠. 그렇기 때문에 뼈 화석을 찾는 건 너무 힘든 일이고, 머리부터 꼬리까지 그대로 남아 있는 완전한 공룡 화석을 발견하기는 더더욱 어렵답니다.

오랜 시간이 흘러 화석이 되었지요.

땅이 깎여나간 자리에서 운이 좋으면 화석을 발견할 수 있어요.

공룡 발자국, 공룡 똥 모두모두 중요해

공룡의 뼈뿐만 아니라 공룡들이 살면서 남긴 흔적이 화석이 된 경우가 있는데 이를 '흔적 화석'이라고 해요. '흔적 화석'에는 공룡이 여기저기 돌아다니면서 땅을 밟아서 만들어 놓은 '발자국 화석'이 있고, 공룡 새끼가 깨어나지 못한 채 그대로 화석이 돼 버린 '공룡 알 화석', 그리고 공룡이 밥을 먹고 눈 똥이 땅속에 묻혀 화석이 되어 버린 '공룡 똥 화석'이 있어요.

공룡 발자국 화석은 대개 퇴적암 위에 일정한 방향으로 움푹움푹

패여 있어요. 마치 딱딱한 돌 위에 타이어만한 도장을 가지런히 찍어 놓은 듯 하지요. 이런 공룡 발자국을 통해 그 공룡이 얼마나 빨리 걸었는지, 육식 공룡인지 초식 공룡인지, 혼자서 살았는지, 가족과 함께 살았는지 등을 알 수 있습니다.

공룡 발자국 화석을 보면 왼발과 오른발 사이 간격이 매우 좁아요. 이것은 공룡 다리가 전봇대처럼 쭉쭉 뻗었다는 것을 의미해요. 만약 악어나 거북이처럼 다리가 바깥으로 꺾인 'ㄱ'자 형태였다면 오른발과 왼발 사이가 매우 크게 벌어졌을 거예요. 실제로 거북이나 악어가 모래나 진흙 위를 걸어간 후에 그 발자국을 보면 왼발과 오른발 사이가 상당히 벌어져 있어요.

뿐만 아니라 공룡 발자국 화석을 조사해 보면 그 공룡이 얼마나 빨리 걸었는지도 알 수 있어요. 발자국과 발자국 사이가 가깝다면 그것은 산책을 하듯 걸은 거예요. 그런데 발자국과 발자국 사이가 멀다면 그것은 공룡이 먹이를 잡아먹거나 도망가기 위해서 필사적으로 뛰었다는 것을 말해 주지요. 초식 공룡들은 여러 마리가 나란히 걸어간 발자국을 남겼어요. 그래서 이 발자국을 보고 '이 공룡들은 무리를 지어 함께 살았겠구나.' 하는 걸 알 수 있지요. 우리나라 경상남도 고성 지방에는 이 발자국 화석이 많이 남아 있어요. 우리 한반도가 한때는 공룡의 왕국이었다는 것을 알려 주고 있지요.

나는 누구일까요?

공룡은 종류에 따라 발자국 모양이 달라요. 발자국 화석을 보면 공룡이 어떤 종류인지 대강 알 수 있지요. 그렇지만 정확하게 이건 어떤 공룡이라고 말하기는 힘들어요. 사람이 같은 신발을 신고 걸어도 질퍽한 진흙을 밟을 때와 모래를 밟을 때의 모양이 서로 다르죠.

마찬가지로 같은 공룡의 발자국도 땅의 성질에 따라 모양이 다르게 나타나기 때문에 발자국 화석만으로 그 공룡 이름을 정확히 알기는 힘들어요.

공룡은 뼈대의 생김새에 따라 크게 두 종류로 나누기도 해요. 도마뱀의 엉덩이 뼈와 같은 뼈대 구조를 갖고 있으면 '용반류 공룡' 이라고 하고, 새의 엉덩이 뼈와 같은 뼈대 구조로 되어 있으면 '조반류 공룡' 이라고 합니다.

용반류 공룡에는 초식 공룡을 잡아먹는 크고 작은 '육식 공룡' 들과 초식 공룡 중에서 목이 장대처럼 긴 '목 긴 공룡' 들이 포함돼요.

도마뱀의 엉덩이 뼈와 같은 뼈대 구조를 갖고 있으면 '용반류 공룡' 이라고 하고, 새의 엉덩이 뼈와 같은 뼈대 구조로 되어 있으면 '조반류 공룡' 이라고 합니다.

나머지 초식공룡들은 모두 조반류 공룡이에요. 머리에 뿔이 난 '뿔 공룡'과 온몸을 갑옷으로 보호하는 '갑옷 공룡', 그리고 등에 큼지막한 판과 꼬리에 날카로운 창이 달린 '판 공룡', 그리고 새 다리와 같은 구조를 갖고 있는 '새다리 공룡'으로 구분할 수 있어요.

그러면 이들 공룡의 발자국은 각각 어떻게 생겼을까요?

육식 공룡은 3개의 기다란 발가락이 달려 있는 길쭉한 발자국 화석을 남겼습니다. 물론 육식 공룡이니까 발자국 끝에 날카로운

발톱 자국도 남아 있죠.

네 발로 걷는 목 긴 공룡은 코끼리처럼 둥그런 발자국을 남겼는데 앞발이 뒷발보다 작아서 뒷발자국이 앞발자국보다 두 배에서 다섯 배까지 크답니다. 물론 앞발자국도 결코 작다고만은 할 수 없어요. 자동차 타이어를 눕혀 놓은 것만큼이나 크니까요.

판 공룡, 갑옷 공룡, 뿔 공룡도 네 발로 걷는데 이들의 발자국은 둥그렇고 발가락들이 잘 보이게 찍힌답니다.

끝으로 새다리 공룡의 발자국에는 육식 공룡처럼 3개의 발가락이 남아 있지만 육식 공룡과 달리 둥그렇고 발톱 자국도 날카롭지 않습니다.

공룡은 무슨 색일까?

공룡 알이나 공룡 똥, 공룡 발자국을 '흔적 화석'이라고 하고 공룡의 뼈 화석처럼 공룡 몸의 일부가 화석이 된 것을 '체 화석'이라고 해요. 체 화석에는 공룡 뼈 화석 말고도 '공룡 피부 화석', '공룡 털자국 화석' 등이 있어요.

공룡 피부 화석은 이집트의 미이라를 생각하면 되요. 바깥쪽의 피부는 안쪽의 살보다 질기기 때문에 피부 밑의 부드러운 속살이 없어져도 맨 위의 피부는 마치 쥐포나 오징어처럼 바짝 말라 화석이 되는 수가 있어요.

이런 피부 화석은 발견하기가 정말 하늘의 별따기처럼 힘들어요. 피부보다 더 강한 뼈도 화석이 되기 어려운데 하물며 피부가 화석으로 남으려면 얼마나 어렵겠어요.

그런데 다행히 공룡 피부 화석이 1908년 미국 와이오밍 주에서

발견됐어요. 이때 발견된 화석은 오리주둥이 공룡의 화석인데, 공룡시대 당시 모래폭풍 속에 묻혀 그대로 쥐포처럼 말라 버렸다가 사람들에 의해 발견되었습니다.

이 공룡 피부 화석 덕분에 공룡의 피부가 물고기 비늘처럼 겹쳐져 있지 않고 평평하다는 것을 알게 되었지요. 그렇지만 피부가 무슨 색깔이었는지는 안타깝게도 알 수가 없어요.

사람은 피부 속에 들어 있는 멜라닌이라는 색소가 어떤 색깔을 띠고 있느냐에 따라 황인종, 흑인종, 백인종으로 나뉘어요.

그런데 이 멜라닌 색소는 너무 약하기 때문에 죽어서 시체가 되면 금방 분해돼 사라져 버려요. 공룡도 멜라닌이라는 색소를 갖고 있었을 테지만 죽은 후에 바로 사라졌을 거예요. 그래서 말라비틀어진 피부 화석을 아무리 살펴보아도 피부 색깔이 화려했는지 칙칙했는지 알 수가 없답니다.

지금 우리가 보는 공룡 모형의 알록달록한 색깔은 사실 사람들이 상상으로 만들어 낸 색일 뿐이에요. 진짜 공룡의 색깔은 아무도 모른답니다.

10년 전 중국에서는 털의 자국이 찍힌 공룡 화석이 발견된 적이 있었습니다. 어떤 것은 빗자루 같은 털이고 어떤 것은 새의 깃털 모양을 갖고 있었어요. 그래서 과학자들은 이 화석을 통해

공룡도 새처럼 깃털을 갖고 있었다는 것을
알게 됐습니다. 이처럼 화석은 공룡에 대해
많은 것을 알 수 있도록 해준답니다.

그대로 멈춰라!

공룡의 모습이 그대로 남아 있다면, 그리고 그런 화석을 과학자들이 발견할 수 있다면, 얼마나 신나는 일일까요? 아주 드문 경우이긴 하지만 가끔은 이런 행운도 생긴답니다. 유럽에 있는 벨기에란 나라에서 이런 현장을 발굴한 적이 있었지요.

옛날 공룡시대에 벨기에에는 시커먼 석탄이 잔뜩 쌓인 곳이 있었답니다. 석탄은 식물이 그대로 오랜 기간 썩어서 만들어진 거예요. 그런데 석탄으로 이루어진 지역은 단단하지 못해 잘못하면 발을 딛는 순간 쑤욱 빠져버릴 수도 있습니다.

이구아노돈 공룡 떼가 이 석탄 지역을 지나갈 때도 그랬지요.
아무것도 모르고 무작정 내달렸던 이구아노돈 떼는 석탄 속으로
쏙 빠져, 그 속에서 죽음을 맞이했고, 그 상태로 공룡 화석이 되어
버렸습니다. 이 화석 덕분에 지금 우리는 이구아노돈의 원래
모습이 어떠했는지를 알 수 있게 되었지요.

살아있는 채로 모래 속에 파묻혀 화석이 되는 경우도 있습니다.
공룡 시대에도 사막이 있었는데, 지금의 몽골 지역에 있는
사막에 엄청난 모래폭풍이 분 적이 있었습니다.
그 모래폭풍 때문에 벨로키랍토르라는 작은 육식 공룡과
초식 공룡인 프로토케라톱스가 싸움을 하다가 그만
모래 속에 묻혀 버렸지요.

한 번 상상해 보세요. 초식 공룡인 프로토케라톱스가
자기를 잡아먹으려는 육식 공룡 벨로키랍토르의 앞발을 꽉
물어버렸어요. 벨로키랍토르는 너무 아파서 다른 발로
프로토케라톱스의 배를 밀어내면서 앞발을 **빼내려고**
안간힘을 썼지요. 그 순간 산처럼 거대한 모래폭풍이 불어와
순식간에 두 공룡이 모래더미 속에 묻혀 버렸습니다.
목숨을 건 싸움에 정신이 팔려 있다가 미처 피하질 못한 거예요.

이렇게 온전한 공룡 화석을 발견하게 되면 과학자들은 신이 난답니다. 마치 공룡이 살던 시대를 다녀온 것처럼 생생한 느낌을 받을 수 있으니까요. 공룡을 연구하는 과학자는 늘 공룡 화석을 찾아다니며 이런 날이 또 오기를 꿈꾸고 있습니다.

돌보다 무거운 공룡 화석

과학자들이 어떻게 공룡 화석을 찾아내고 꺼내는지 알아볼까요? 공룡 화석을 찾으려면 중생대 시기에 공룡들이 많이 살았던 땅을 잘 살펴봐야 해요.

아! 저기 공룡 뼈처럼 보이는 게 땅 위로 삐쭉 튀어나와 있네요. 그런데 이번에 꺼내는 공룡 뼈 화석은 아주 딱딱한 돌 속에 박혀 있어서 꺼내기가 쉽지 않네요. 망치로 화석을 둘러싼 돌을 깨려고 열심히 두들겨도 깨지지가 않아요. 이럴 땐 단단한 돌을 자를 때 쓰는 다이아몬드 톱날을 써야만 해요. '쓱싹쓱싹' 돌을 조금씩 잘라내기 시작했어요. 마침내 공룡 뼈가 박힌 돌을 네모 상자처럼 똑바로 잘랐어요. 이젠 실험실로 옮겨서 화석을 꺼내야 합니다.

'우우웅' 저기에서 커다란 포크레인이 와요. 포크레인이 네모난 큰 돌을 조심스럽게 들어서 트럭에 싣습니다. 돌을 실은 트럭이 실험실로 달려갑니다.

화석이 박혀 있는 돌이 드디어 실험실에 도착했어요.

이제 과학자 아저씨들이 뼈를 둘러싸고 있는 돌을 아주 조금씩 깎아내기 시작해요. 뼈 가까이 가까이…

'이제 그만!'

돌을 더 깎다가는 뼈가 상할 수 있습니다. 이제부터는 치과 병원에서 썩은 이를 갈 때 쓰는 가느다란 드릴 같은 것으로 공룡 뼈 화석에 붙은 돌들을 살살 떼어내야 합니다. 무척 오랜 시간이

걸리는 일이지요. 하지만 새로운 공룡 뼈 화석을 찾아냈다는
기쁨에 하나도 힘들지 않아요.
마침내 공룡 뼈에서 모든 돌들이 떨어져 나갔어요. 우와! 목 긴
공룡의 다리 뼈 하나가 2미터나 되요. 사람 키보다 더 크네요.
이제 뼈 화석이 부스러지지 않도록 하기 위해 화석 위에다
경화제를 발라요. 이 약은 화석의 표면을 딱딱하게 만들어 줘요.
그 다음엔 화석을 보관하는 창고에 옮겨 놓지요.
이제 공룡 화석 발굴 작업이 끝났습니다!

박물관에 있는 공룡 뼈는 진짜일까 가짜일까?

자연사박물관이나 공룡박물관에서 여러분이 보는 공룡 뼈는 대부분 가짜예요. 진짜 공룡 뼈 화석은 너무 무거워 세우기도 힘들고 중요한 공룡 뼈는 연구하기 위해 창고에 잘 보관하죠. 우리가 보는 공룡 모형은 플라스틱과 같은 가벼운 물질로 레고 블럭 끼우듯이 연결해 만든 것이랍니다.

공룡 뼈를 나누어요

공룡 발굴 작업은 이처럼 쉽지 않은 일이랍니다. 공룡 뼈를 찾기도 어렵거니와 찾은 다음에도 땅속 깊이 박힌 화석을 꺼내서 운반하는 일, 돌을 떼어내는 일 등 모든 과정이 힘들어요.
게다가 공룡 뼈 화석은 돌처럼 엄청나게 무겁거든요. 공룡 뼈가 땅속에 묻히면 혈관과 신경세포가 지나는 신경관 등 작은 구멍들 속으로 물에 녹아 있던 광물질들이 쏙쏙 들어갑니다.
그리고 이 광물질들이 차곡차곡 뼈 속에 쌓이면 뼈가 돌처럼

단단해지고 무거워져요.

그러니 목 긴 공룡이나 티라노사우루스처럼 큰 공룡의 뼈가 화석이 됐을 때 얼마나 무겁겠어요.

그래서 뼈 화석이 너무 클 땐 뼈를 여러 덩어리로 분리해서 옮긴 후에 다시 붙이기도 한답니다. 뼈가 너무 커서 한꺼번에 차에 못 실을 땐 어쩔 수 없잖아요.

공룡 뼈에 살과 근육을 붙여 볼까?

공룡 뼈만을 가지고 어떻게 공룡이 살아있을 때의 모습을 만들 수 있을까요?

공룡학자들은 뼈의 모양을 잘 살펴보고, 그 위에 근육의 발달 정도를 계산하지요. 계산이 끝나면 뼈 위에 살과 피부를 입혀 공룡의 모형을 만들어요. 공룡의 피부는 피부 화석을 참고로 해서 만들면 되지요.

색깔은 아무도 알 수 없으니 빨간색이든 초록색이든 여러분 상상에 맡기겠어요.

공룡 화석이 발견되는 곳은?

어디에서 공룡 화석이 많이 발굴 될까요? 남극부터 아시아, 아메리카, 유럽, 아프리카 등 모든 대륙에서 공룡 화석이 발견되고 있어요.

그 중에서도 캐나다 알버타 주에 있는 주립공원은 세계에서 가장 큰 공룡 발굴지인데 이곳에서는 공룡 화석을 쉽게 찾을 수 있어요. 왜냐하면 풀과 나무가 자라지 않는 황무지라서 공룡 뼈 화석들이 쉽게 드러나기 때문이에요. 아르헨티나 파타고니아란 지역의 황무지에서도 많은 공룡 뼈와 공룡 알들이 발굴됐어요. 나무가 없고 모래로 이루어진 몽골의 고비사막도 쉽게 화석을 찾을 수 있는 곳이랍니다. 고비사막처럼 하얀 모래로만 되어 있는 곳은 지층이 단단하지 않아 부드러운 솔이나 조그만 송곳으로도 공룡 뼈를 지층에서 떼어낼 수 있어요.

고비사막 옆에 있는 중국에서는 거의 모든 지역에서 공룡 화석이 나와요. 돌 위에 도장처럼 찍힌 공룡 깃털 화석도 중국에서 나왔어요.

미국에서는 중부 지역에 해당하는 텍사스주, 와이오밍주,

콜로라도주, 유타주, 몬타나주 등에서 공룡 화석이 자주 발견돼요.

그 이유는 공룡 시대인 백악기에 미국 중부 지역에 수많은 강들이 생겼기 때문이에요. 많은 공룡들이 죽으면서 강물에서 떠내려 오는 흙이나 모래, 자갈 등에 파묻혀 화석이 되었어요.

반면에 유럽은 공룡 시대에 대부분 바다였기 때문에 공룡보다는 어룡, 수장룡, 암모나이트처럼 바다에 살던 동물들의 화석이 잘 발견돼요.

우리나라는 경상남북도와 전라남도 일대 그리고 충북 음성, 영동, 공주, 경기도 화성시 시화호 같은 곳이 공룡이 살았던 중생대 시대의 땅으로 이루어져 있습니다. 이런 곳에는 공룡 화석이 많이 묻혀 있을 수도 있어요.

1973년 경북 의성에서 공룡의 뼈가 발견되기도 하였고, 그 밖에 공룡 발자국, 공룡 알 화석 등을 발견하기도 하였습니다.

그러나 우리나라에서는 사람의 손길이 닿지 않은 땅을 찾기가 쉽지 않아서 온전한 공룡 뼈 화석을 발굴하기는 어렵답니다. 또한 중생대에 우리나라는 육지였기 때문에 바다에서 살았던 어룡, 수장룡, 암모나이트는 전혀 찾을 수가 없습니다.

공룡을 다시 살릴 수 있을까?

생명과학자들의 연구로 많은 사람들이 동물 복제 기술에 관심을 갖게 되었습니다. 그래서 어떤 어린이들은 복제 기술로 공룡을 되살릴 방법이 있는지 궁금해 해요.
과연 복제 기술로 공룡을 되살릴 수 있을까요?
아쉽게도 아직까지 공룡을 되살릴 방법은 없어요. 공룡을 되살리려면 공룡의 유전자를 구해야 해요. 유전자는 단백질로 되어 있는데 단백질은 굉장히 약해요. 그래서 공룡이 죽으면 얼마 지나지 않아 공룡 몸속의 유전자는 상해 버려요.
공룡시대부터 지금까지 6천5백만 년이란 시간이 지났기 때문에 공룡 유전자가

살아 있을 가능성은 전혀 없어요.

영화 '쥬라기 공원'을 보면 송진이 굳어서 만들어진 투명한 호박 속에 공룡 피를 빨아 먹은  모기가 들어 있다는 얘기가 나와요. 영화 속 과학자들은 그 모기 몸속의 공룡 피에서 뽑아낸 유전자를 복제해서 공룡을 되살리죠. 그런데 이것은 현실에서는 있을 수 없는 일입니다. 호박 자체도 시간이 지나면 변질되기 때문에 그 속의 유전자가 공룡의 것이었다고 해도 그대로 남아 있기 힘들지요. 그래서 공룡을 되살릴 수는 없는 거예요.

이웃나라 일본에서는 시베리아에서 발견된 매머드에서 유전자를 복제하는 연구를 몇 년 동안 하고 있는데 아직까지 성공하지 못했어요. 겨우 1만 년 전에 죽은 매머드도 되살리지 못하는데 하물며 이보다 훨씬 옛날인 6천5백만 년 전에 멸종한 공룡을

공룡시대부터 지금까지 6천5백만 년이란 시간이 지났기 때문에
공룡 유전자가 살아 있을 가능성은 전혀 없어요.

> 공룡 연구를 통해 지구의 옛날 모습도 알 수 있고,
> 지구가 어떻게 변해 왔는지도 알 수 있을 거예요.

되살린다는 것은 어렵겠지요?

하지만 불가능하단 말을 하긴 일러요. 공룡의 피부는 무슨 색깔일까? 공룡은 냉혈 동물일까, 온혈 동물일까?

모든 공룡에게 털이 있었나?(아직까진 일부 육식 공룡의 털만 발견했거든요), 공룡은 어떤 울음소리를 냈을까? 공룡의 수명은 얼마나 될까? 등등 아직 모르고 있는 사실들을 더 많이 밝혀낸다면, 공룡의 유전자를 찾을 수 있는 날도 오겠지요.

그뿐인가요. 공룡 연구를 통해 지구의 옛날 모습도 알 수 있고, 지구가 어떻게 변해 왔는지도 알 수 있을 거예요. 그리고 좀 더 연구를 해보면 지구의 미래까지도 예측할 수 있을지 몰라요.

우리가 사는 지구의 미래가 궁금하지 않나요?

관심이 있다면 공룡 연구에 한번 도전해 보지 않을래요?

전 세계를 누비며 아무도 가본 적이 없는 황무지에서 공룡 화석을 찾아다니는 여러분의 모습을 상상해 보세요.

153

같이 생각해 볼까요?

1 공룡은 중생대에 가장 잘 번성한 동물이었습니다. 중생대에는 공룡 이외에 다른 파충류들도 함께 살았어요. 이들과 공룡이 다른 점은 무엇이었을까요?

2 조류인 새는 작고 민첩한 육식 공룡으로부터 진화했다고 과학자들은 믿고 있어요. 어떠한 사실들이 공룡학자들을 그렇게 믿게 했을까요? 공룡과 새의 공통점을 찾아보세요.

3 공룡 화석은 뼈와 피부인 체 화석과 공룡 알, 공룡 똥, 공룡 발자국과 같은 흔적 화석으로 나눌 수 있지요. 이들 각각의 공룡 화석들을 통해 우리는 공룡에 대해 무엇을 알아낼 수 있나요?

4 공룡의 멸종 원인은 여러 가지가 있습니다. 그 중 운석 충돌과 화산 폭발로 인해 공룡이 사라졌다는 의견이 가장 많아요. 공룡을 멸종시킨 커다란 운석이 다시 지구에 떨어지면 어떤 현상들이 일어날까요?

5 초식 공룡과 육식 공룡이 다른 점은 무엇일까요? 몸에 나타난 특징과 살아가는 모습을 비교해 보아요.

6 여러분이 나중에 공룡학자가 되고 싶다면 어떤 공부를 많이 하고 어떤 것에 관심을 가져야 할까요? 공룡에 대해 앞으로 밝혀 내야 할 사실들에는 무엇이 있을지 서로 토론해 보아요.

교과부, 문광부, 환경부가 우수도서로 인증한

〈토토 과학상자〉 시리즈

우리나라 과학 전문 필자가 우리 어린이의 눈높이에 맞춰 쓴 과학책!
생물 · 지구과학 · 물리 · 화학 등 모든 과학 분야의
기본 원리를 친절하게 알려줍니다.

 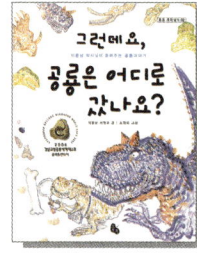   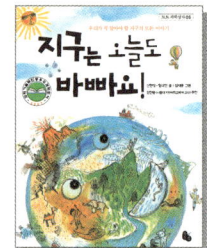

   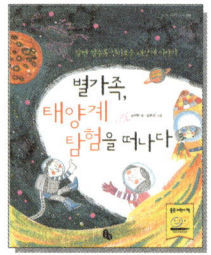 

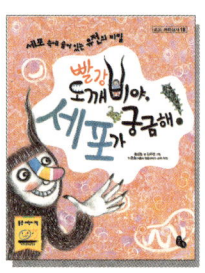  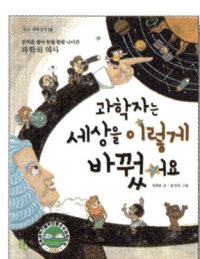  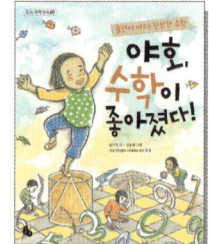

〈토토 과학상자〉는 24권까지 나옵니다.
홈페이지 www.totobook.com 에서 과학퀴즈를 풀고 상품을 받으세요.